APPEL

A

LA SAINTE - ALLIANCE,

SUR LA POLITIQUE

DU CABINET ANGLAIS.

IMPRIMERIE ANTHELME BOUCHER,
rue des Bons-Enfans, n°. 34.

APPEL

A

LA SAINTE-ALLIANCE,

SUR LA POLITIQUE

DU CABINET ANGLAIS;

Par M. Coustelin.

PARIS.

ANTHELME BOUCHER, IMPRIMEUR-LIBRAIRE,
RUE DES BONS-ENFANS, N°. 34.

DELAFOREST, LIBRAIRE, PLACE DE LA BOURSE,
RUE DES FILLES-SAINT-THOMAS, N°. 7.

1826.

APPEL

A

LA SAINTE-ALLIANCE,

SUR LA POLITIQUE

DU CABINET ANGLAIS.

✺✺✺✺✺✺✺✺✺✺✺✺✺✺✺✺✺✺✺✺✺✺✺✺✺✺✺✺✺✺✺✺✺✺

CHAPITRE PREMIER.

L'AVEUGLEMENT des personnes en position de veiller sur les destinées de la France, et qui sont le plus intéressées à son bonheur, est incompréhensible. Je n'entends point parler des ministres et de leurs parasites; il est décidé qu'ils n'abjureront jamais leurs erreurs, qu'ils s'abandonneront, sans réserve, à la fureur de l'orgueil et de l'ambition qui les dominent; mais de ceux qui pourraient les forcer à sortir du système de perdition suivi avec une fatale opiniâtreté. Quoi!

l'on ne veut pas s'apercevoir de la rapidité avec laquelle nous glissons sur la pente du gouffre révolutionnaire! Faudra-t-il que l'Europe soit en feu, et que tous secours soient devenus inutiles, pour qu'on songe à l'éteindre? Les leçons de l'expérience, le désordre des esprits, l'activité des passions, la marche des événemens qui se passent sous nos yeux, ne sauraient-ils rompre cette cruelle cécité?

Lorsque, après un ou deux siècles de guerre non interrompue du Nouveau-Monde contre l'Ancien, de nation contre nation, citoyen contre citoyen, l'Europe sera retombée dans la barbarie, les historiens qui entreprendront d'explorer et d'analyser les causes de tant d'horribles catastrophes, se verront sans cesse arrêtés dans leurs pénibles travaux; ils devront, à tout moment, déposer la plume pour tâcher de se rendre compte des incidens qu'ils auront à transmettre aux générations futures. Eh! comment leur raison ne se trouverait-elle pas en défaut en fouillant dans ce dédale de sottise et de turpitude; des faits si contradictoires! inextricables pour les contemporains eux-mêmes.

En lisant l'histoire, j'ai souvent été surpris des réflexions judicieuses des auteurs sur les événemens qu'ils racontaient; de la précision avec laquelle ils indiquaient les moyens infaillibles de les prévenir ; cela me portait à me demander comment ils avaient pu échapper à la sagacité des hommes du temps, qui jouaient des principaux rôles dans les affaires publiques. Quelles douloureuses impressions n'éprouve-t-on pas, en lisant le récit des malheurs qui ont affligé les Bourbons ! On suit, avec une curieuse anxiété, pas à pas, l'infortuné chef de cette illustre race ; on frémit en le voyant constamment s'avancer vers l'abîme ; on est tenté d'accuser tout le monde du coup dont il va être frappé, particulièrement ceux qui étaient plus spécialement appelés à veiller sur une tête si chère. On s'écrie involontairement : Arrêtez, malheureux ! où conduisez-vous votre Roi ?

Il n'est pas un royaliste qui ne comprenne la source de nos calamités passées, ne déplore l'esprit de vertige qui s'était emparé des Français ; cependant, chose incroyable, les trois quarts d'entr'eux se laissent encore entraîner par l'esprit de vertige du jour, produit des mêmes causes, conduisant aux mêmes résultats. Tels écrivains ont combattu la révolution, flétri ses fauteurs, et maintenant ils fournissent, à leur insu, des armes à la révolution. Tels magistrats gémissent de l'indulgence que le vénérable défenseur de Louis-le-Juste accorda trop souvent à la secte impie qui détruisit l'autel et le trône, et ménagent les impies qui aiguisent de nouveau le poignard contre les prêtres et les rois.

Ces funestes contradictions proviennent de ce que lorsque nous sommes éloignés des événemens, nous les jugeons dans toute la plénitude de notre bon sens, et du moment que nous en devenons acteurs, l'illusion du pouvoir, l'amour-propre blessé, les liaisons de coteries, le désir de conserver un emploi, une pension, ou l'espérance d'en obtenir, pervertissent notre jugement. Pour moi, placé dans la position de n'avoir rien à perdre ni à espérer, j'en userai pour dire de bonnes vérités. Je m'exprimerai, sur les hommes et sur les choses, avec franchise ; je signalerai le mal là où je le vois. Je n'ignore point que je jouerai le rôle de dupe. En général, ce n'est point la justice et la vérité que les Français exigent d'un écrivain, mais une stricte soumission à flatter leurs manies et à servir leurs passions.

La faiblesse des grands, pour l'adulation, n'est pas moindre que celle du peuple. Vainement les rigides censeurs de leurs fautes auraient fait preuve d'un attachement sans bornes à leur personne, ils les traiteront en ennemis, tandis qu'ils savoureront avec délices l'encens du sycophante, qui n'aime d'eux que les faveurs dont ils disposent. Ils accueilleront avec complaisance un fade panégyrique, qui fut composé à d'autres

époques et en l'honneur d'un autre héros, et sé-
viront contre celui qui se dévoue à eux dans le
malheur, et s'expose à leur animadversion pour
leur montrer l'abîme entr'ouvert sous leurs pieds.
Telle est la faiblesse humaine; on a tort de prétendre la corriger.

Il est pénible sans doute d'avoir à accuser
et à jeter de la défaveur sur des personnages qu'il
nous serait doux de n'avoir que des éloges à
donner, et auxquels l'estime publique est si nécessaire. Les périls du trône et de la patrie, l'emportant sur tout autre considération, nous
obligent à ne plus garder de ménagemens; l'élévation du rang, l'éminence des fonctions, rendant
les devoirs plus sacrés pour ceux qui les occupent,
les rendent aussi moins excusables quand ils les
méconnaissent, et l'influence qu'ils exercent
nécessite l'emploi de moyens d'attaque plus
vigoureux. On me demandera peut-être si la
royauté et la France m'ont chargé de leur défense. Je réponds à cela que, comme citoyen,
j'use d'un droit concédé par la Charte, et que
ma vie étant attachée à la cause de la légitimité,
j'ai intérêt à la soutenir.

Je sais qu'il ne suffit pas d'annoncer des
vérités; il faut encore être en position de se
faire écouter. On prête difficilement l'oreille à
un écrivain qui ne se présente point avec une

réputation littéraire, ou sous les auspices d'un nom marquant; c'est la seule fois que je me surprends à regretter mon obscurité, car je voudrais faire passer dans l'âme de tout le monde l'intime conviction dont je suis pénétré, que nous nous acheminons vers une catastrophe terrible et inévitable; je dis inévitable, attendu que ce qu'il faudrait faire pour nous en préserver, ne se fera point. Il m'en coûte peu d'avouer que la nature m'a refusé le talent d'écrire; aussi je ne réclame qu'un peu d'attention pour mes opinions, j'abandonne volontiers mes phrases aux rigueurs de la critique. La confiance que m'inspire l'exactitude avec laquelle j'ai souvent préjugé les grands événemens qui ont eu lieu, m'enhardit à publier mes opinions sur ceux dont nous sommes menacés. Ce n'est point par fatuité que je vais entretenir un instant le lecteur de ma prévoyance sur les faits accomplis, mais par le désir de donner plus de créance à mes sinistres prédictions, et tâcher de ranimer la surveillance des sentinelles placées près du trône.

Quand Napoléon était au plus haut période de sa puissance, en discutant politique, on m'a entendu chaque jour prophétiser sa chute et le retour des Bourbons; les raisons que j'en donnai paraissaient ridicules, et les épithètes de fou,

d'enthousiaste, ne m'étaient pas épargnées. A la
réception du bulletin annonçant notre entrée à
Moscou, je prédis la retraite et les désastres de
notre belle armée, avec les circonstances ma-
jeures qui les ont accompagnés. Lors de l'insur-
rection de l'île de Léon, c'était à qui vanterait
l'ordre et la sagesse avec laquelle cette révolution allait s'opérer. C'est, disait-on, un peuple
qui se régénère, travaille à s'élever à de brillantes destinées, avec ce calme, cette dignité,
qui distinguent l'homme libre. Moi, je déclarai
que si la Sainte-Alliance n'allait promptement
étouffer cette révolte, l'Espagne renouvellerait
l'exemple de nos folies et de nos malheurs (1).
Au moment qu'un célèbre général s'écriait, à la
tribune de la chambre des députés, que si les
Autrichiens mettaient le pied dans les Abruzzes,
il n'en sortirait pas un, j'écrivais qu'ils iraient à
Naples par étape (2). La régence d'Urgel s'étant
formée, on se complaisait dans l'idée qu'elle
remettrait Ferdinand sur le trône; je publiai
qu'elle serait anéantie ainsi que ses troupes (3).
Pendant six ans je n'ai cessé de prévenir que

(1) *Coup-d'œil sur les Révolutions d'Espagne et de Naples.*
(2) *Idem.*
(3) *Réflexions sur les affaires d'Espagne.*

l'Espagne perdrait ses colonies si on n'allait à
son secours; on me répondait que les Américains, opprimés par une poignée de factieux,
soupiraient après l'instant de reprendre le joug.
L'affaire des Grecs m'a toujours paru être envi-
sagée sous un faux point de vue. J'affirmai qu'ils
succomberaient sous le cimeterre des Turcs,
et je disais qu'au lieu de vouloir l'impossible, il
fallait se borner à demander qu'ils devinssent
simplement tributaires de la Porte, sous la
protection des grandes puissances européennes.
On s'aperçoit enfin que c'est l'unique moyen
de les sauver, et je ne suis pas peu étonné
d'entendre des publicistes qui jusqu'ici avaient
prêché une croisade en faveur des Grecs, pour
cause de religion, répéter aujourd'hui ce que
j'ai dit constamment, que la différence des
croyances religieuses ne saurait jamais être
admise en politique, ni exclure une nation du
droit à la justice universelle; qu'un sentiment
d'humanité devait seul motiver notre intervention,
afin de faire obtenir aux Grecs des concessions
qui missent leurs personnes et leurs biens à l'a-
bri de la tyrannie musulmane. Avant et après
l'émancipation de Saint-Domingue, j'ai écrit
que cette république ne remplirait point ses
engagemens à l'égard de la clause stipulée en
faveur de notre commerce, et qu'en faible partie

celle de l'indemnité promise aux colons. On voit si j'ai eu raison.

· Mes reproches s'adresseront principalement aux royalistes ou se disant tels ; il me semble très futile de se livrer à des déclamations contre les libéraux (1). Que leurs opinions soient l'effet d'une conviction intime que l'ordre de choses actuel est contraire au bonheur de la France, ou qu'ils détestent un système d'administration où ils ne participent point suivant leurs désirs ambitieux, peu importe ; ils ne disposent pas du pouvoir, le sort de la monarchie n'est pas entre leurs mains. Dans tous les cas, il leur serait impossible de faire pire que M. de Villèle, aidé de ses sordides amis. Jamais le plus intrépide des libéraux n'eût osé concevoir le projet des actes que ce ministre a exécutés. Lui et ses soutiens sont donc les seuls coupables.

---

(1) L'épithète de révolutionnaires , dont je me sers fréquemment, est pour désigner la conséquence de certaines doctrines et les hommes qui les professent, non pour accuser l'intention de qui que ce soit. Je ne crois pas plus dire une chose désobligeante aux personnes, que je ne me trouverais blessé si on m'appelait contre-révolutionnaire, parce que je suis convaincu de la droiture de mes vues. Comme particulier, j'ai autant et plus, peut-être, de vices qu'un autre ; mais, comme écrivain, l'intérêt public sera toujours mon unique guide.

Si l'on peut justement reprocher une faute à
Bonaparte, c'est son équipée de 1815; un
homme tel que lui aurait dû comprendre l'inop-
portunité de sa démarche, connaître la portée
de ses adversaires, et sentir qu'ils allaient travailler à ses affaires beaucoup mieux qu'il n'aurait pu le faire lui-même.

La société ne reposant point sur des bases naturelles, il en résulte un malaise dans toutes les
classes, et les intérêts manquant d'alimens pour
se satisfaire, errent confondus, se heurtent, s'en-
tre-choquent; et, au milieu de la confusion, le
moindre incident sert de prétexte à la manifes-
tation du mécontentement général. Détruisez
les causes du malaise, les partis disparaîtront.
Pour sortir d'embarras, chacun propose un système d'administration conforme à ses opinions
ou à ses intérêts privés. L'un demande, pour l'industrie et les arts, une extension illimitée, sans
réfléchir que la consommation ainsi que le numéraire avec lequel il faut payer les plaisirs, ont
des bornes. Celui-ci voit tout le mal de la société
dans la liberté de la presse ; eh bien, ôtez
au mécontentement la faculté d'exhaler ses
plaintes, vous avancerez l'instant de l'explosion.
Cet autre ne l'aperçoit que dans l'absence des
sentimens religieux; mais pourquoi y a-t-il absence de sentimens religieux? parce que l'avidité

de l'or et de la domination dont nous sommes dévorés, nous fait repousser la morale d'une religion qui ordonne la modération et le mépris des richesses. Les ministres de Dieu auront beau prêcher la concorde, le désintéressement, si les hommes qui sont en position d'attirer les regards du peuple excitent les haines et donnent l'exemple d'une honteuse avarice, leur zèle apostolique ne servira qu'à exaspérer les esprits. Ce peuple naturellement défiant, supposera qu'on lui prêche la soumission et l'abstinence afin de le rendre plus docile au joug qu'on veut lui imposer, et favoriser ceux qui veulent s'engraisser de ses sueurs. Que le pouvoir fasse toujours preuve d'équité, calme les passions, extirpe les vices dont la société est infectée; que les grands donnent l'exemple des vertus privées et publiques, les cœurs s'ouvriront facilement aux préceptes de l'Évangile. Jusque-là, on prêchera à des sourds; ce sera commander l'usage de l'eau à l'hydrophobe.

Une très grande erreur de la part des royalistes, est de s'imaginer que c'est à l'excellence de leurs doctrines et à leur persévérance à les proclamer qu'ils sont redevables du retour des Bourbons: l'expérience de trente-cinq années devrait les rendre moins crédules. Depuis 1789, que la lutte entre l'anarchie et le bon ordre est engagée, ce dernier a eu constamment le dessous. En France, comme chez nos voisins, il n'a dû son triomphe momentané qu'à l'intervention de forces extérieures, et, sans l'aspect imposant qu'elles ont continué à déployer, il est probable que nous n'aurions pas joui six mois de la légitimité. Pourquoi donc entretenir une funeste sécurité? Je conçois fort bien ce qui peut porter la révolution à exagérer sa puissance; tout étant chez elle basé sur l'éventualité et le mensonge, elle doit chercher à inspirer aux masses une confiance nécessaire à l'accomplissement de ses desseins. Ainsi, la république était impérissable, la dynastie usurpatrice éternelle; nous voyons encore de hauts fonctionnaires qui, en 1813, lui promettaient cette éternité, et l'assuraient que tous les Français verseraient jusqu'à la dernière goutte de leur sang pour elle. Un an après, ils récitaient le même protocole aux Bourbons. En donnant l'éternité à tout le monde, ces Messieurs ont le secret de s'éterniser aux emplois. Un serment ne leur coûte pas plus à faire qu'à violer.

La royauté étant un être de vérité, ses amis doivent en parler le langage. Sur quel fondement basent-ils l'influence qu'ils s'attribuent? Sur la bonté de leurs doctrines? A la bonne heure, s'ils s'adressaient à une société non corrompue. La légitimité est sur le trône; mais n'y était-elle pas aussi en 1791, au 20 mars, lors des insurrections de l'île de Léon, de Naples, de Turin ? Maintenant qu'ils parcourent la France dans tous les sens, consultent toutes les nuances d'opinion, recueillent exactement les voix, ils me diront ensuite s'ils ont lieu de se rassurer pour l'avenir. On m'objectera que ce n'est point par le nombre qu'il faut calculer la force réciproque des partis : cela est vrai quand le gouvernement sait habilement faire servir celle dont il dispose à soutenir le sien; mais s'il agit en sens inverse, ou en laisse la direction au hasard, la société sera bientôt entraînée par l'impulsion générale. Son organisation actuelle ayant tout individualisé, la puissance du nombre est d'un très grand poids dans la balance politique. Aujourd'hui, dans un moment de crise, un grand seigneur ne trouverait pas dix hommes pour le suivre, tandis que dans chaque village, de simples paysans exerceraient assez d'influence sur leurs concitoyens pour lever des compagnies à leurs ordres. Dans les villes commerçantes, l'aristocratie industrielle, rivale de celle des titres, pourrait former des armées.

L'usurpation, et surtout le ministère actuel, ont plus dépopularisé la noblesse que n'avait pu le faire la révolution; il existe dans toute la France, la Vendée à-peu-près exceptée, contre elle un sentiment qui n'est rien moins que bienveillant. Sans doute il ne s'étend point sur les membres de la famille royale, mais il lui serait extrêmement préjudiciable, s'il survenait quelques circonstances critiques. Les grands seigneurs, au lieu de se composer une clientelle des hommes qui combattirent à leurs côtés au jour du malheur, et furent toujours prêts à leur faire un rempart de leur corps contre le poignard de l'ennemi commun, les accablent de leur superbe dédain, et employent leur crédit à protéger leurs flatteurs ou les agens de leurs plaisirs.

✲✲✲✲✲✲✲✲✲✲✲✲✲✲✲✲✲✲✲✲✲✲✲✲✲✲✲✲✲✲✲✲✲✲✲

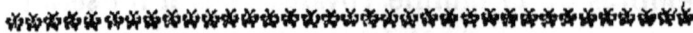

CHAPITRE SECOND.

J'AIME à croire qu'en théorie le gouvernement représentatif soit préférable à tous les autres; mais en pratique, en réalité, le meilleur est celui qui s'adapte le mieux aux usages, aux mœurs, aux besoins et aux ressources d'une nation. Ce n'est pas la quantité ni la qualité des lois écrites qui fait la félicité des peuples, mais le bon sens, la probité de ceux qui les exécutent. Une constitution serait-elle envoyée du ciel, que la nation n'en serait pas plus heureuse, si cette œuvre de la sagesse divine était confiée à une demi-douzaine de misérables qui ne la fissent servir qu'à l'assouvissement de leur cupidité et à la satisfaction de leur sot orgueil.

La liberté civile, l'égalité devant la loi que ce genre de gouvernement assure indistinctement à tous les enfans de la même patrie, sont des bienfaits si inappréciables à mes yeux, que je voudrais pouvoir m'en dissimuler les inconvéniens. Un homme de cœur peut facilement par-

donner à la nature de l'avoir fait naître dans
une condition obscure ; il peut , sans en être humilié, se voir éclaboussé par le brillant équipage
du millionnaire, pourvu que nul n'ait le droit de
l'opprimer ni l'outrager impunément.

Plus le nombre des citoyens qui prennent part
aux affaires du gouvernement est considérable,
plus les vertus publiques sont nécessaires. Elles
ne doivent pas seulement consister à savoir faire
le sacrifice de sa vie pour épargner à ses compatriotes la honte et les calamités d'une inva-
sion, mais à savoir faire abnégation de ses intérêts privés à l'intérêt public. Je laisse à décider
jusqu'à quel point nous pratiquons cette vertu.

Le propre du gouvernement représentatif
étant de développer subitement et mettre en mouvement toutes les forces vitales d'un État, par-
tant, d'avancer l'époque de sa décrépitude, la
France était peut-être le pays du monde à qui il
convenait le moins; la révolution l'avait déjà
bien assez remuée. Il eût probablement mieux
valu lui appliquer un remède capable de calmer la surabondance d'activité qui lui est res-
tée. Elle avait jadis un régime absolu , un clergé puissant, des moines, voire même des jésuites, néanmoins elle était parvenue à un degré
de gloire et de prospérité qu'elle aura de la
peine à soutenir. Quoi qu'il en soit, nous avons

une Charte, il faut s'y attacher comme à l'ancre
de salut; c'est par elle que nous devons faire nau-
frage ou arriver au port. Mais j'engage beaucoup
les peuples qui n'ont pas le bonheur d'en posséder une, de ne pas trop se presser; puisqu'ils ont
pu s'en passer pendant des milliers de siècles,
qu'ils attendent encore une trentaine d'années;
l'expérience parlera infiniment mieux que les
vaines déclamations des amans feints ou réels
des chartes.

Il en est des états comme des hommes; le
même régime ne convient point à tous les tem-
péramens; il peut donner la santé à l'un, et tuer
l'autre. Le caractère réfléchi des Anglais, leur
patriotisme, leur respect pour leurs vieilles ha-
bitudes, pour les lois et les magistrats chargés
de les exécuter, les rendent propres à ce genre
de gouvernement: cependant, si toutefois on
doit l'apprécier par la durée d'existence qu'il assure aux nations, son exemple n'a rien de bien
séduisant.

L'Angleterre l'adopta à une époque où elle
était encore voisine de la barbarie, où elle avait
tout à créer : marine, commerce, industrie,
agriculture; et, dans l'espace d'environ cent
quarante ans, elle a tout perfectionné, s'est élevée à un degré de richesse et de puissance qu'il
paraissait impossible d'atteindre dans un temps

où la civilisation est si universellement répandue
Avec tout cela, nous la voyons lutter péniblement contre des vices intérieurs qui la tourmentent; chercher à éloigner le danger dont elle est menacée, en faisant violence à la nature entière, tantôt en foulant aux pieds les lois du droit des gens et de l'humanité, pour opprimer les peuples, tantôt en affichant des principes de philanthropie, de tolérance et de liberté. Jusques à quand espère-t-elle en imposer aux peuples et aux rois? Hélas! elle les trompera trop long-temps pour le malheur de la France, ainsi que pour le sien, car elle sera à son tour ensevelie sous les décombres de l'édifice qu'elle s'efforce d'élever.

Jusqu'ici, l'accroissement rapide et successif de sa prospérité ayant répandu l'aisance dans toutes les classes de la société, les ambitions individuelles ont pu se satisfaire sans le secours qu'offrent les hautes fonctions de l'État, dont les Anglais ne se soucient guère, et les abandonnent volontiers à ceux qui veulent en suivre la carrière, de sorte que leurs discussions politiques ont un caractère différent de chez nous. Amans passionnés de la liberté, ils ont un parti qui vise sans cesse à en élargir la sphère, mais toutes les fois qu'il s'agit d'intérêts généraux de la patrie, il y a unanimité de vœux.

En France, la Charte nous a été octroyée au
moment où la civilisation était montée à son apo-
gée, où les arts, le commerce et l'industrie ayant
reçu tous les développemens possibles, n'offrent
à ceux qui s'y livrent que des chances de profits
modérés, très insuffisans pour assouvir l'avidité
dont nous sommes dévorés. A l'exception de
quelques grands capitalistes financiers et indus-
triels, à-peu-près tout le reste de la France est
mécontent de son sort, et tout ce qui a de l'ins-
truction aspire aux premières places du gouvernement. Quoique personne ne l'avoue, c'est
là-dessus principalement que le combat est engagé. Pense-t-on que ce soit absolument par stu-
pidité que toutes les questions d'où dépendent
le bonheur et la prospérité de la France, sont
embrouillées, interverties, présentées sous un
aspect à faire gémir le sens commun ? Pourquoi
voit-on les ministres méconnaître si scandaleuse-
ment les principes de la légitimité, louvoyer de
droite à gauche, souffler tour-à-tour le froid et le
chaud ? Pour garder leurs portefeuilles. Pourquoi
voit-on des majorités les soutenir ? Pour conserver leurs places ou pour en obtenir. Est-il un
homme raisonnable qui croie de bonne foi à l'a-
mour qu'affectent pour la liberté les fauteurs du
despotisme, que les signataires de l'acte addi-
tionnel soient les meilleurs amis des chartes et

de la légitimité à qui nous la devons? Est-ce par
sentiment d'humanité qu'on s'apitoie si fastueu-
sement sur les gueux et les scélérats du reste du
globe, quand on est indifférent sur la misère de
ses compatriotes? par dévotion qu'on exalte la
religion et ses ministres au dehors, en les pour-
suivant de leur haine au dedans? par esprit national qu'on veut soumettre notre politique à
celle de l'étranger, et qu'on préconise le commerce et l'industrie en provoquant des mesures
tendant à l'anéantir? C'est tout simplement
pour renverser un ordre de choses où l'on ne se
trouve point classé selon ses désirs.

Il y a folie à vouloir singer les Anglais avec
des mœurs et une organisation sociale toute différente. Leur noblesse, de trois quarts moins
nombreuse que la nôtre, extrêmement riche en
propriétés foncières, peut encore se livrer aux spéculations commerciales dont ils sont en possession. La noblesse française n'est pas, à beaucoup près, si bien partagée; et, lorsque les ra-
meaux détruits de l'ancienne auront repoussé,
que ceux de la nouvelle se seront multipliés, j'i-
gnore comment elle fera pour subsister honora-
blement. La Charte lui ayant ôté ses priviléges,
les emplois du gouvernement, quoique déjà trop
considérables, et qu'elle possédera au détriment
de cette immensité d'artistes, d'écrivains, de

légistes, ayant droit d'y prétendre d'après la let-
tre du pacte fondamental, surtout d'après l'esprit du siècle, qui réclame la préférence en faveur du talent, ne lui suffiront plus. De cette
différence du texte de loi et son exécution, résultera une haine invincible de ceux qui voudront avoir contre ceux qui auront; elle divisera
la nation en deux partis irréconciliables, et l'en-
tretiendra dans un état perpétuel d'irritation.

Si j'avais à choisir entre tous les gouvernemens pratiques que je connais, je n'hésiterais
pas à me prononcer pour celui de l'Autriche. Je
doute que ceux dits constitutionnels aient une
constitution assez robuste pour résister aux revers qu'a éprouvés cet empire; cent autres y auraient succombé, lui en sortit plus fort qu'auparavant. François II a pu voir pendant vingt ans
ses armées battues, ses forteresses détruites, sa
capitale envahie, sans avoir eu sérieusement à
trembler pour son trône, parce qu'il est réellement établi dans le cœur de tous ses sujets. Cet
ordre de choses n'est point l'effet du hasard,
mais d'un système de politique bien entendue,
d'une administration combinée sur les besoins et
les ressources du pays; d'après la nature de
l'homme, ses affections, ses intérêts, indivisi-
blement liés à ceux du souverain. Si l'organisation intérieure d'un royaume est fausse, si tout

tend à dissoudre les liens sociaux, aigrir les passions, éloigner les sujets du prince, celui-ci aura beau faire ce qui est humainement possible pour être aimé, il sera emporté par le tourbillon formé du choc des élémens en désordre. La sécurité que lui inspire la bonté de son âme, la droiture de ses intentions, auront contribué à sa perte. L'infortuné Louis XVI en est un exemple frappant.

La dynastie impériale d'Autriche ayant parfaitement l'instinct de sa conservation, s'est fait un système de confier la direction des affaires publiques aux personnages les plus éclairés parmi ceux qui occupent les premiers degrés de l'échelle sociale, sans toutefois se dessaisir du droit de surveillance et de redressement, si le cas l'exige. Rien de si naturel que cette préférence accordée à ceux qui sont le plus intéressés au maintien de l'ordre existant. Cela ne veut pas dire que les grands talens, dans quelques rangs qu'ils soient, doivent être exclus du conseil du monarque, seulement que le système général de la politique soit sous l'influence des hautes supériorités de l'empire. La race dévoratrice du budget de l'État ne veut point de cet arrangement ; elle trouve plus commode de n'avoir qu'une seule personne à tromper, pour ensuite avoir toute latitude de se jouer impunément de trente millions de citoyens.

Les Peel, Huskisson, Canning, gouvernent de fait l'Angleterre; mais s'ils voulaient s'écarter de la voie qui leur est tracée, la chambre héréditaire, gardienne vigilante de la stabilité du trône et des libertés publiques, les arrêterait; ils ne resteraient pas vingt-quatre heures en place. L'offre des pensions, honneurs, sinécures, serait inutile, parce qu'il y a dans ce pays une opinion vraiment nationale, et les hommes en possession de l'éclairer s'informeraient hautement pour quels motifs, quelle nécessité ces distributions ont été faites. Le roi en a ordonné ainsi, répondrait-on; fort bien, Messieurs, gardez ces faveurs; elles vous sont acquises en droit, nous allons voir si elles le sont en morale, car la religion du roi peut être surprise; et, dans son intérêt, comme dans celui de sa dynastie, il doit souhaiter ces sortes d'investigations. S'il est constaté que lesdites faveurs ont été méritées, tant mieux, le prix en sera rehaussé par l'hommage éclatant que les distributeurs et les favorisés en recueilleront; sinon, ils y regarderont désormais à deux fois avant de se partager les dépouilles du domaine public.

Il n'y a qu'en France où l'on ait adopté la méthode d'abandonner la direction des affaires publiques à des individus sans consistance personnelle, sans fortune, sans avoir fait preuve de

capacité dans des emplois secondaires, ni même
avoir fourni l'indice des dispositions naturelles.
On les voit arriver au sommet de la hiérarchie,
sans savoir quel vent les y a poussés. Si de loin
en loin il apparaît au ministère quelques personnages éminens, ils semblent n'être placés là que
pour servir de boucliers aux intrigans qui leur
sont adjoints, et on les renvoie aussi lestement
qu'on en agirait avec de simples commis de
bureaux. Les Montmorency, Bellune, Château-
briand, n'ont fait que passer ; les Villèle, Cor-
bière, Peyronnet, Clermont-Tonnerre, sont res-
tés. Et l'on s'étonne si l'avarice, la corruption,
le désordre, règnent parmi nous! On devrait
plutôt s'étonner que ces vices n'aient pas encore
produit leurs fruits.

Vainement un ambitieux rusé chercherait à
s'emparer de l'esprit de Sa Majesté impériale,
afin de faire servir ses vertus comme sa faiblesse
aux fondemens de sa domination, des milliers
de voix indépendantes lui feraient entendre la
vérité. L'aristocratie autrichienne comprend
tout ce qu'elle perdrait par un bouleversement;
elle sait aussi que c'est par les travaux indus-
trieux du peuple qu'elle savoure les plaisirs de
la vie; elle le protège dans ses laborieuses occu-
pations, ne le surcharge point d'impôts pour
enrichir ses familles, et se composer une vile

clientelle, parce qu'elle possède une fortune no-
blement acquise, et trouve une honorable clientelle dans tous les gens de bien. Les hommes de
mérite des classes intermédiaires, qui suivent la
carrière des emplois civils et militaires, voyant
l'échelle à l'avancement sagement ordonnée,
attendent du temps et de leurs loyaux services
la récompense qui leur est due; rarement elle
leur est déniée. Il y a peu de mécompte à cet
égard; et l'on ne voit point de ces furieux qui
consentiraient à mettre le feu aux quatre coins
du monde, pour arriver au pouvoir ou pour
s'y maintenir.

D'un si bel arrangement dans la tête du corps
social, naît l'ordre et l'union, dans toutes ses
parties. Le ministère n'ayant point à combattre
des oppositions ni à soudoyer des mercenaires
pour le défendre, peut donner ses soins à la
chose publique. Les Autrichiens, heureux et
contens de leur sort, n'assassinent point juridi-
quement leur souverain, n'aiguisent point le
poignard contre les princes, ni ne trâment le
changement de la dynastie légitime. L'empire
n'est point rempli d'académies scientifiques,
mais il y a le sens commun. Si des sophistes
protestaient que le meilleur moyen de consolider la monarchie est de soutenir les révolutions
et de créer des républiques; que quelques cen-

taines de prêtres, vivant dans la retraite, menacent de renverser la religion, le trône et l'État,
ce bon peuple leur éclaterait de rire au nez. Les
ministres de S. M. I., loin de discuter gravement ou perfidement, sur les lubies de ces éner-
gumènes, et leur fournir des armes contre ce
qu'il y a de plus 'sacré, les ferait enfermer aux
Petites-Maisons. Les perturbateurs du repos public ne recueillant de leurs infernales tentatives
que sifflets d'une part et châtimens de l'autre, se
verraient contraints de devenir bons citoyens,
car ce serait l'unique voie pour mériter la bienveillance et les faveurs du gouvernement. Chez
nous, on y arrive par une route opposée; pas
plutôt un écrivain s'est fait une demi-réputation
en prêchant l'anarchie et l'impiété, vite on s'en
empare; et une forte pension lui est assignée sur
la caisse destinée à 'la corruption. Cela lui procure la facilité de continuer à travailler au
grand œuvre. Quel pays que le nôtre, et quels
hommes d'État!

✿✿✿✿✿✿✿✿✿✿✿✿✿✿✿✿✿✿✿✿✿✿✿✿✿✿✿✿✿✿✿✿✿✿✿✿✿

CHAPITRE TROISIÈME.

Pour apprécier la situation de la Grande-Bretagne, au milieu de son opulence, reportons nos regards à une époque peu éloignée de nous, celle de la pacification du continent. Le ministre dirigeant, lord Castelreagh, homme de cœur et de talent, avait senti que, d'après l'état de paix dont l'Europe allait jouir pendant plusieurs années, il était indispensable de resserrer le système d'administration que des guerres longues et opiniâtres l'avaient forcé d'élargir. La résistance qu'il rencontra dans l'exécution de son plan dut le convaincre de cette vérité, qu'il est beaucoup plus facile aux nations, comme aux particuliers, de se créer des besoins que de les retrancher lorsque l'habitude en est prise. La gêne, l'inquiétude, ne tardèrent pas à se manifester dans les provinces, principalement dans les villes manufacturières, par de fréquentes insurrections. Cette situation n'était pas sans dangers, mais l'Angleterre s'en fût heureusement

tirée, soit en favorisant la transmigration aux
colonies des ouvriers désœuvrés, soit en s'ap-
puyant plus fortement sur la Sainte-Alliance.

Éblouie par les succès qui ont tant de fois
couronné ses entreprises, elle n'a pas voulu revenir à des idées de modération ; elle préfère s'é-
lancer de rechef sur un océan rempli de tempê-
tes et d'écueils.

M. Canning, appelé à succéder à lord Castelreagh, en a abandonné la politique toute pacifique ; et, pour obvier aux embarras du présent,
il croit ne pouvoir mieux faire que de replonger
l'Europe dans l'anarchie ; il n'a point réfléchi à
l'immoralité de son projet, mais à son utilité
momentanée, et à la facilité de l'exécution que
lui promet l'ignorance de M. de Villèle. Ainsi,
pour procurer à son pays le triste avantage de
fabriquer un peu plus de toile, il médite l'em-
brasement de cette Europe à peine échappée
à de terribles convulsions, et qu'une rechute
détruira de fond en comble. Persuadés qu'il serait
superflu de chercher à émouvoir l'âme dessé-
chée de nos hommes d'État, pour conjurer l'o-
rage, nous en appelons à la raison et à l'humanité
de l'aristocratie anglaise : si elle pouvait encore
se méprendre sur les conséquences de la politique de son principal ministre, nous la prions
d'observer l'enthousiasme qu'il excite parmi cette

classe d'hommes qui, pendant vingt ans, ont
vomi tant d'imprécations contre l'Angleterre,
et provoqué son anéantissement. Les détracteurs
de l'illustre généralissime qui abattit l'usurpation,
entonnent des hymnes en l'honneur de M. Canning; et notre président du conseil lie sa politique
à celle du ministre qui a déclaré solennellement
que l'Angleterre ne s'était point liguée avec les
puissances du continent pour rendre le trône à
la maison des Bourbons! Ne serait-il pas temps
que les amis de l'ordre et de la légitimité voulus-
sent ouvrir les yeux? On les accusa jadis d'avoir
eux-mêmes incendié leurs châteaux; cette fois,
on pourra, avec justice, les accuser de s'être mis
la corde au cou.

Nul doute que tel soit le plan du ministre anglais: considéré de sang-froid, il fait frémir d'horreur; l'imagination effrayée n'ose y croire, ni
calculer le déluge de calamités qu'il va faire pleuvoir sur l'espèce humaine. Mais on a tant dit et
répété que la raison d'état autorise les desseins les
plus barbares, et le succès les justifie; on est si
fort convenu de décerner le titre de grand homme aux monstres qui ont été le fléau des nations,
que M. Canning a pu être séduit par l'appas d'une
fausse gloire. La grandeur de l'entreprise est,
j'en conviens, bien propre à faire illusion. Un
peuple de vingt millions d'individus, pressé dans

3

une île au milieu de l'Océan, aspirant à subju-
guer les deux mondes par le seul ascendant de
son génie, est une de ces conceptions qui doivent
tenter une tête exaltée, avide de renommée : le
plus étonnant est qu'elle réussira. Le cabinet autrichien s'efforcera quelque temps d'y mettre obs-
tacle ; mais il sera bientôt entouré de difficultés
qui l'obligeront de songer à sa sûreté intérieure,
où, cependant, le démon des révolutions ne
manquera pas de l'y poursuivre. La stagnation
du commerce, dont les peuples se font malheureusement une première nécessité, l'encombre-
ment des productions industrielles, augmentant à
mesure que le numéraire, qui peut seul en procurer
le débit, diminue, se feront également sentir dans
toute l'Allemagne : de la gêne naîtra le mécontentement, et de celui-ci le désir de changement.

La révolution du Portugal va d'abord réagir
sur l'Espagne, pour se porter ensuite sur l'Italie,
puis revenir en France, où est son foyer ; de là,
elle s'étendra sur tout le continent européen, et
s'acharnera sur lui jusqu'à ce qu'elle l'ait replongé
dans la barbarie.

Mon opinion personnelle est que la Péninsule
ibérienne aurait besoin de modifier ses institutions : la perte de ses colonies lui en fait une double nécessité ; mais ces modifications ne pour-

raient fructifier qu'en étant librement résolues
par l'autorité légitime, et opérées par des gra-
dations insensibles. On reproche à Ferdinand VII
sa répugnance à céder aux exigences des novateurs : je parierais que ce monarque, aujourd'hui
l'objet de tant de haines, et que la diplomatie a
l'air de traiter si légèrement, sera loué par la
postérité pour son excellente judiciaire et sa noble fermeté. Quand il s'agit de toucher aux lois
qui ont pris racine dans les mœurs d'une nation,
il est bien permis de vouloir se donner le temps
de la réflexion. La continuation instantanée des
abus qui ont pu s'y introduire occasionnera moins
de malheurs que des réformes faites précipitam-
ment.

Quel autre but que celui de jeter la discorde
en Europe, au profit de leur commerce, aurait
engagé les Anglais à favoriser la création de républiques au détriment des anciennes monarchies, de propager un mode de gouvernement
qui porte en lui-même tant de germes de destruction, et commence par allumer la guerre civile? Est-ce par sentiment d'humanité? Il n'y a
qu'à observer sa conduite pendant les quarante
dernières années pour être convaincu qu'il a rarement dirigé sa politique ; les faits sont assez
connus pour me dispenser de les rappeler. Serait-
ce le désir de procurer aux autres la somme de

3.. •

liberté dont ils jouissent ? Mais ce bienfait ne saurait en être un qu'autant qu'il y aurait unanimité
de vœux parmi les nations auxquelles il est impo-
sé. D'ailleurs l'expérience rend cette supposition
invraisemblable, surtout quand on les voit fo-
menter et soutenir des guerres cruelles pour opprimer des peuples lointains qui se seraient fort
bien passés de faire leur connaissance ; qu'ils
appesantissent tous les jours davantage le joug
de ceux qui habitent leurs colonies. Veulent-ils,
en multipliant le gouvernement libéral, s'assurer
des auxiliaires contre les monarchies absolues ?
Pourquoi cette précaution ? Depuis que l'Angleterre possède ses nouvelles institutions, les autres
puissances ont-elles songé à lui en faire un grief ?
et n'ont-elles pas le droit de prétendre à la faveur
d'être heureuses à leur manière ?

Ayant fait remarquer que ce sentiment de philanthropie de la part des Anglais était sujet à con-
testation, que souvent le résultat serait entièrement opposé aux flatteuses espérances qu'ils font
concevoir ; voyons si, en cas de réussite com-
plète, leurs intérêts n'en seraient point lésés.

Il en est des états entr'eux comme des particuliers à particuliers : les uns ne peuvent jouir d'une
somme de prospérité supérieure à celle que la nature a accordée à chacun, sans retrancher quelque
chose de la part qui revient aux autres. Voltaire

a prétendu que les revenus de la France donnaient quarante écus à dépenser par individu ; la justesse ou l'inexactitude de son calcul ne fait rien au raisonnement que je veux en déduire. Il faut donc que les quatre cinquièmes n'en consomment que la moitié, pour que l'autre en consomme jusqu'à dix, vingt et cent mille. Il faut aussi que ces quatre cinquièmes se livrent à des travaux pénibles, endurent des privations, pour que l'autre vive dans l'abondance et l'oisiveté. Si tous les hommes avaient le même degré de fortune, de force physique, d'intelligence intellectuelle, ils voudraient tous également avoir les mêmes avantages sociaux, et la société cesserait d'exister.

Or, si le propre du gouvernement représentatif est de faire éclore et mettre en mouvement toutes les forces vitales d'une nation, d'élargir la sphère de ses connaissances, de lui inspirer des sentimens d'indépendance et d'orgueil national ; l'industrie, faisant de rapides progrès chez tous les peuples qui l'auraient admis, les mettrait non seulement dans le cas de se passer des productions industrielles de la Grande-Bretagne, mais encore d'établir la concurrence avec elle ; et quoique ses manufactures restassent long-temps, ou toujours, si l'on veut, supérieures à celles de ses rivaux, son commerce en souffrirait considérablement. Sa diplomatie, tout habile qu'elle soit, rencontrerait des obstacles insurmontables à ses projets, dans ces mêmes cabinets où elle règne présentement en souveraine : partout elle se verrait devancer dans ses découvertes ainsi que dans ses entreprises industrielles et commerciales. Il est donc évident qu'un pareil ordre de choses lui serait funeste; il le serait particulièrement à la France, qui, sans avoir autant de ressources pour subvenir à ses besoins, a beaucoup plus de luxe, conséquemment plus de causes de dépenses.

Comme la civilisation, les arts, l'industrie, le commerce, procurent un bien-être qu'on ne saurait contester; des publicistes imprévoyans voudraient en étendre indéfiniment l'usage, s'imaginant étendre proportionnellement la somme de notre bien-être, ne s'apercevant point que l'excès des choses les meilleures, les plus indispensables à la vie, est toujours pernicieux. Ceci est une vérité triviale, tant elle est simple et à la portée de l'intelligence la plus bornée. Il ne s'agit que de l'appliquer à l'économie politique des peuples avec lesquels nous sommes en relation.

Les bases certaines de la richesse d'un état sont dans la fertilité de son territoire et l'aptitude au travail de ses habitans. Pour qu'il soit long-temps heureux, il doit combiner ses dépenses en consommation sur ses revenus intérieurs; ne considérer ceux qui lui viennent du dehors que comme accidentels, et les tenir en réserve pour parer à des malheurs imprévus. Il est très imprudent de faire dépendre son existence de moyens extérieurs, dont on peut, à tout moment, se voir privé par des événemens impossibles à maîtriser. Mais lorsqu'un peuple en est arrivé au point que ses ressources intérieures ne peuvent plus suffire aux besoins qu'il s'est créés, il faut nécessairement qu'il trouve chez d'autres peuples les moyens de suppléer à ce qui lui manque, en se les rendant tributaires par la supériorité de ses connaissances. Si ces autres peuples, avec lesquels il est en relation, affectés des mêmes vices dans leur organisation intérieure, éprouvent les mêmes besoins, il devra se replier sur lui, et lutter contre l'ulcère qui le ronge jusqu'à ce qu'il en soit dévoré, à moins qu'il n'ait le bon esprit de réformer les causes qui ont produit le mal. Mais Montesquieu dit qu'une fois le train de vie pris, on continue sur le même pied, quoique les moyens de le soutenir aient disparu. Un autre publiciste célèbre voudrait que lorsque, par l'excès de la civilisation et des vices qu'elle traîne à sa suite, une nation ayant dépassé les bornes du nécessaire, marche à grands pas dans la voie du superflu, au bout de laquelle est le précipice, une main ferme et habile pût lui faire recommencer le tour du

cercle. Le tour du cercle est trop sans doute:
l'enfance étant aussi peu à désirer que la cadu-
cité. Je pense qu'il suffirait de lui faire opérer un
mouvement oscillatoire entre la belle adolescence
et l'âge mûr. La difficulté en cela est d'avoir
l'homme d'état capable de juger le moment con-
venable à la retraite, et qu'il ait la force de l'ef-
fectuer. A cette époque, la société est ordinairement dominée par l'ascendant irrésistible du luxe
et des arts : grands et petits, sages ou fous, tous
ressentent leur doux empire. Arts, civilisation,
sont des divinités devant lesquelles on doit fléchir
le genou. Malheur au profane qui oserait leur
dénier son culte! Le moraliste puisera dans ses
lectures la preuve que le règne des arts précéda
toujours la chute des empires; sa raison lui dira
qu'il serait temps d'en arrêter les progrès; néanmoins il devra se taire, crainte de voir pleuvoir
sur lui un déluge de quolibets. D'ailleurs, lui-
même attend ou doit sa fortune et sa considération aux arts. Les artistes et les gens de lettres
forment entr'eux une confédération envahissante
qui soumet tout à ses lois, souvent à ses caprices.
En possession de diriger l'opinion publique, l'intérêt de leur vanité les porte à exagérer l'importance et l'utilité de leur profession.

Enfin, on arrive au point de voir les pouvoirs
de l'Etat voter des fonds pour faire apprendre

des jeunes gens à roucouler et faire des entre-
chats, quand tous les jours le fisc fait vendre le
fonds de boutique d'un détailleur ou la vache
d'un pauvre homme pour se payer des contributions. Est-il rien de si ridiculement atroce, que
le gouvernement dépouille, livre au désespoir
des pères de famille qu'il devrait secourir ?

Tous les ans on décerne quelque cinq cents
prix aux plus habiles gloseurs sur des langues
mortes, et sur les discours de certains orateurs
anciens. Je ne sache pas qu'il en soit décerné un
seul à l'inventeur d'une charrue qui soulagerait
le cultivateur dans ses pénibles travaux, ni à celui qui perfectionnerait l'art de tailler la vigne.
On distrait de la liste civile des sommes énormes pour l'achat et le transport de guenilles et
de décombres de pays jadis florissans; vingt vo-
lumes sont employés à décrire les particularités
de ces merveilles. Vous croyez peut-être que les
savans dissertateurs vont, par des réflexions judicieuses, enseigner à nous préserver des vices
qui firent tomber en ruines tant de superbes
monumens sous le fer des barbares, et les peuples qui les élevèrent dans le plus abject esclavage ! Détrompez-vous, c'est tout simplement
pour nous féliciter de posséder ces trésors, pro-
tester que nous les avons eus pour un morceau
de pain.

Les manipulateurs de cette liste civile prodigueront de fortes pensions à des artistes qui ont des hôtels, des équipages magnifiques, une table splendidement servie, tandis que nous voyons le spectacle hideux d'un Français (à Metz) disant à ses juges : « J'ai prononcé ces paroles répréhensibles avec l'intention de me faire mettre en prison, afin d'avoir du pain. » Et cet autre (à Rouen), arrêté pour cause de vagabondage, dire également à ses juges : « J'ai la bonne volonté de travailler ; j'avais trouvé un fabricant qui m'utilisait moyennant dix sous par semaine ; j'ai demandé une augmentation, il m'a congédié. Faites-moi la grâce de me condamner à six mois de prison ; j'en sortirai au retour de la belle saison, et alors la vie sera plus facile. » On se sent pénétré d'horreur en transcrivant ces récits. Quoi ! la France paie un milliard de contributions, et des Français sollicitent la grâce d'être mis en prison, faute de trouver à gagner vingt sous par semaine. On construit sans cesse de nouvelles salles de spectacle, la caisse du trésor de l'État et celle de la liste civile encouragent ces spéculations par des primes effroyablement énormes, et des écrivains louent ces funestes prodigalités ! Que dire à cela, sinon que Dieu a retiré de nous une main secourable ? Paris, de moitié moins peuplé que Londres, et dix fois moins riche, possède le double de théâtres, et ce n'est point encore assez. Apparemment il ne faut plus à la France que des théâtres, des hospices et des prisons.

Nonobstant que nous ayons quatre fois plus de musiciens qu'il en faudrait, on va en recruter ailleurs, et l'on dépense une soixantaine de mille francs pour faire gourmandiser un étranger à Paris, qui fournit, en échange, quelques notes de musique regrattées. Avec l'argent gaspillé de cette manière, il y aurait de quoi donner à quinze mille officiers retraités les moyens de se pourvoir d'objets de première nécessité dont ils manquent, et les garantir pendant l'hiver de l'humidité qui, en faisant rouvrir leurs vieilles blessures, abrège une vie consacrée à la défense de la patrie. A chaque représentation à bénéfice, la Maison du Roi envoie trois mille francs au bénéficiaire, et quand des généraux vendéens sollicitent un secours pour cinquante de leurs anciens soldats mutilés, après beaucoup de démarches, on leur accorde deux cents francs, les trois pour cent prélevés : reste trois francs quatre-vingt-huit centimes par tête. Quelle sanglante dérision !

Si vous vous permettiez la moindre observation à M. des beaux-arts et à son très honoré père, ils vous répondraient, avec une candeur charmante : « C'est bien le moins que le Roi de France protége les arts. » Le Roi de France protége les arts comme tout autre chose, et l'État doit encourager les talens *utiles ;* mais les revenus de Sa Majesté ne doivent pas être affectés à payer les plaisirs d'une fraction imperceptible de ses sujets, déjà assez riches pour les payer eux-mêmes. Ils sont destinés à soutenir la splendeur de sa Maison, le superflu à l'acquittement des dettes sacrées qu'elle a contractées dans le malheur envers ceux qui se ruinèrent pour son service particulier. Lorsqu'une réclamation de cette nature pourra être adressée, il vous sera permis, à vous, dépositaires des revenus du monarque, de les faire servir à vos plaisirs; jusque-là, vous ne le faites que parce que vous le pouvez impunément, mais, en morale, la force ne constitue pas un droit : Thémis n'admet point le glaive de Brennus pour poids dans sa balance. Je sais que la vue et les soupirs du malheureux frappent moins agréablement vos yeux et vos oreilles que de belles formes et une jolie voix. Il faut, avant tout, que vous vous amusiez ; eh bien ! amusez-vous, Messieurs ; mais, pour Dieu, ne vous chargez point de diriger les deniers et les destinées de la France.

Le gouvernement ne doit des encouragemens qu'aux arts utiles; ceux de pur agrément n'ont nullement besoin d'être encouragés, nous n'y avons que trop de propension. En fait de théâtres, ceux où l'on joue la tragédie et la haute comédie devraient seuls obtenir des faveurs; les autres doivent se soutenir eux-mêmes; s'ils ne le peuvent, c'est qu'ils sont inutiles; et c'est le comble de l'absurdité de dépenser l'argent des contribuables à stimuler le goût du luxe et des plaisirs.

Qu'un pays riche comme Londres, et qui ne se pique point d'avoir des fourmilières d'artistes, parce que ce peuple a le bon sens de croire qu'il vaut mieux en emprunter à ses voisins que d'avoir à leur en prêter, que ce pays-là, dis-je, entretienne une troupe de comédiens étrangers, je le conçois, encore je doute que le gouvernement la gratifie d'une subvention annuelle. Il trouve en cela l'avantage que sa jeunesse n'est point enlevée aux états productifs pour s'occuper de ceux qui en dévorent la substance. Un accident quelconque vient-il obliger les gens riches à restreindre leurs dépenses, la troupe, ne pouvant plus se soutenir, retourne d'où elle est venue, et le pays ne reste point surchargé d'une foule de personnes habituées à vivre dans l'aisance, et n'ayant que leur profession pour subsister. Mais c'est, je répète l'expression, le comble de l'absurdité à nous, qui avons des théâtres et des ar-

tistes en abondance, d'en faire venir de dehors
aux frais de la France entière, et cela, pour
aiguiser la sensualité blâsée de quelques douzai-
nes d'individus.

✿✿✿✿✿✿✿✿✿✿✿✿✿✿✿✿ ✿✿✿✿✿✿✿✿✿✿✿✿✿✿✿✿✿✿

CHAPITRE QUATRIÈME.

La découverte de l'Amérique fit affluer en Europe l'or enfoui dans les montagnes de ces contrées fortunées. L'abondance parmi nous du signe représentatif de la prospérité, en a diminué la valeur, en même temps qu'il a multiplié les motifs de dépenses au-delà de toute expression : maintenant qu'il nous est devenu indispensable, nos hommes d'état s'empressent de rompre les canaux par lesquels il arrivait jusqu'à nous. On se flatte de suppléer à l'absence du métallique par le redoublement de la fabrication des étoffes en draps, toiles, soieries, comme s'il ne fallait pas, avant tout, en calculer le débit.

Toutes les déclamations tendant à pousser les gouvernemens à émanciper leurs colonies, sous prétexte d'intérêts commerciaux, cachent le dessein dès long-temps arrêté de républicaniser cette vieille Europe à laquelle on a voué une guerre éternelle.

A qui persuadera-t-on que la reconnaissance
de l'Amérique obviera aux embarras de notre
commerce ? A peine un cinquantième de sa population consomme des objets manufacturés en
Europe; et l'Angleterre en possession de maîtriser les gouvernemens naissans de ces contrées,
peut les leur fournir à meilleur marché que nous.
Nous faisons un commerce cent fois plus considérable et plus lucratif avec les États despotiques
du nord de l'Europe, que nous n'en ferons jamais avec les républiques du Nouveau-Monde,
de quelque manière que se termine la révolution
de ces pays. Dans une guerre contre les premiers,
nous n'aurions que des coups à gagner et notre
crédit à perdre ; néanmoins, parlez de vous unir
aux républiques et aux cabinets qui s'en décla-
rent protecteurs, pour leur faire la guerre, vous
verrez avec quels transports de joie les faux partisans du commerce et de l'industrie en accueilleront la proposition.

Sitôt que la tranquillité sera rétablie dans les
anciennes colonies espagnoles, les habitans se
livreront, avec toute l'ardeur de la jeunesse, à
cultiver et à confectionner leur nécessaire ; la
fertilité du sol secondant merveilleusement leurs
efforts, les mettra bientôt à même d'avoir du superflu à nous revendre. Les promoteurs du progrès
indéfini de la civilisation, fondant leur opinion

sur la chimère d'un bien-être universel qui ne peut exister, prétendent que l'accroissement de l'industrie, les perfectionnemens des arts, en multipliant chez les peuples les causes de richesses et de consommation, leur procureront un échange permanent de productions, de jouissances et de bonheur. Cela serait exactement vrai, si avec les mêmes besoins ils avaient tous aussi les mêmes moyens de les satisfaire, ou s'ils savaient borner leurs désirs à leur fortune; ou enfin, si les limites du possible étant partout atteintes, nul n'était jamais tenté de les dépasser, ni que des événemens inattendus ne vinssent déranger une telle combinaison : l'expérience a prouvé qu'il ne fallait pas y compter.

Il est probable qu'une secrète gêne tourmentait déjà l'Europe lorsqu'elle s'élança dans les découvertes aventureuses du Nouveau-Monde; un vaste continent à conquérir, des mines d'or à exploiter vinrent à propos la tirer d'affaire. La marche du temps et la complication des circonstances, l'ont replacée dans une situation pire qu'auparavant.

Toutes les puissances à-la-fois, ressentant un malaise secret dont elles ne peuvent se rendre compte, devraient se concerter entre elles pour en connaître l'origine et en prévenir les effets. Elles ne devraient point abandon-

4

ner sans réflexions la pratique, des théories qui
les ont élevées et maintenues pendant des siècles
au plus haut degré de prospérité, pour se jeter à
corps perdu dans des voies inconnues, et qui leur
sont tracées par les ennemis avoués des rois et
du repos des peuples.

Ce malaise provient de deux, vices fortement
caractérisés parmi nous : l'ambition et l'amour
des richesses. Dans l'impossibilité de les satisfaire, les gouvernemens devraient les combattre,
ou, tâcher d'en modérer l'ardeur. Au lieu de
cela, ils adoptent des institutions qui ouvrent un
vaste champ au débordement des passions; ils
approuvent, s'associent, aux actes des factieux
et sanctionnent leurs succès. Enfin, ils mettent
une espèce de volupté à conspirer, à leur ruine, en tarissant la source de leur fortune, en
même temps qu'ils se créent de nouveaux besoins.

Depuis 1789, les causes de nos dépenses ont
triplé, le prix de l'argent a diminué : où est l'accroissement de nos revenus ? Le morcellement
de la propriété foncière a considérablement multiplié nos productions territoriales, des découvertes chimiques ont appris à les économiser;
mais aujourd'hui c'est moins des céréales qu'il
nous faut que de l'or, pour subvenir à notre goût
désordonné pour le luxe et les plaisirs; celui que

nous avons s'use en colifichets où s'exporte an-
nuellement du royaume.

J'avais l'intention d'adresser une pétition aux
Chambres, pour demander qu'il fût nommé une
commission composée d'hommes inaccessibles
à la corruption, à l'effet de vérifier, avec la plus
scrupuleuse exactitude, la balance de notre
commerce extérieur. Je gagerais qu'il en résulte
un déficit notable pour notre numéraire. Mais
quand bien même elle serait égale, notre agonie
n'en serait que prolongée. J'ai renoncé à ce projet, en pensant que cette investigation, devant
mettre en évidence la fausseté du système ministériel, ma requête serait accueillie par des
cris de clôture et d'ordre du jour.

A la diminution successive du numéraire, joi-
gnez le progrès effrayant des besoins que nous
nous créons, il ne reste plus qu'à calculer l'époque où la gêne et les mécontentemens qui en sont
la suite, étant parvenus à leur dernier période,
occasionneront une terrible explosion (1).

En admettant que l'ancien mode de gouver-

---

(1) A peine l'argent que nos victoires avaient importé
en France est-il en circulation, nos superbes construc-
tions en bâtisses achevées, nos beaux passages garnis d'élé-
gantes boutiques de marchandes de bonbons, de modes,
de nouveautés, que de nombreuses catastrophes ont lieu

4..

nement de l'Espagne et du Portugal ne soit plus en
harmonie avec les idées du siècle, et que des réformes introduites avec ménagement dussent en
relever la splendeur, ranimer l'énergie de ses
habitans, il est certain que l'état d'apathie où ils
vivaient était un motif de sécurité pour leurs
voisins, et présentait des avantages incontestables
à leur commerce. Or, ma philanthropie à moi ne
va point jusqu'à vouloir qu'une moitié des Es-
pagnols et Portugais soient persécutés, ruinés,
égorgés, ni que notre prospérité soit compro-
mise, par l'effet d'un changement opéré trop
brusquement, pour que l'autre puisse se promettre un bonheur tout au moins fort douteux.
Une philanthropie qui s'étend indistinctement sur
tout ne porte réellement sur rien, s'épuise en
vaines démonstrations.

Si le régime constitutionnel pouvait s'établir
en Espagne et en Portugal sans déchiremens, la

---

dans le commerce, qu'une infinité de vols nocturnes
jettent la consternation dans la capitale! Attendez encore
quelques années, et l'on vous dévalisera au milieu des rues
en plein jour; on ira vous dépouiller jusque dans vos de-
meures. Cependant l'industrie et les arts font des progrès;
les œuvres des philosophes se réimpriment, les idées
libérales et les gouvernemens représentatifs se propa-
gent.

politique et le commerce de la Grande-Bretagne, ainsi que je l'ai dit, n'auraient point à s'en
féliciter. Ces pays, qu'on peut dire encore vierges, vu que les richesses de leur sol ont été jusqu'ici faiblement cultivées, acquerraient promptement l'importance dont ils sont susceptibles.
Leur marine, unie à celle de la France, leur alliée naturelle, balancerait bientôt celle de la fière
Albion. M. Canning a trop de talent pour se faire
illusion à cet égard ; ce n'est donc pas le bien-être
de l'Europe qu'il se propose en lui important des
chartes, mais sa ruine.

Je suis étonné que M. de Metternich n'a-
perçoive point le piége qu'on lui a tendu. C'est
fort adroit sans doute de s'être servi, pour révo-
lutionner la péninsule, d'un gendre de l'empereur d'Autriche. Espérons que S. M. I. ne se dé-
partira point du principe qu'elle a solennellement émis, que tous ses sujets font partie de sa
famille, et sentira que l'affaire du Portugal in-
téresse la tranquilité de toute l'Allemagne (1).

Il est temps que les cabinets du Nord se ra-

---

(1) Je laisse subsister ce chapitre tel que je l'ai écrit
il y a trois mois (car j'ai plusieurs fois renoncé à publier
cet ouvrage, sentant l'inutilité de mes efforts). La déci-
sion à laquelle le cabinet de Vienne vient de faire sous-

visent; s'ils laissent la révolution se fixer dans le
midi de l'Europe, ils ne pourront plus se garantir de ses débordemens. En se rappelant ce
qui leur en a coûté pour ne l'avoir pas étouffée
en 1791, ils doivent observer que la fièvre dé-
lirante dont nous étions seuls possédés, s'est ino-
culée chez tous les peuples. Ils peuvent encore
tout ce qu'ils voudront; dans quelques années,
le cours du torrent qui nous entraîne ayant
changé la marche de la politique européenne,
les événemens s'accompliront contre eux et malgré eux. M. Canning n'est pas aussi fort que ses
admirateurs le supposent; il dicte la loi à nos
ministres, mais il ne sera en position d'en dicter
à la France que lorsqu'il dominera définitive-
ment la péninsule ibérienne; l'époque n'en est
pas éloignée; elle arrivera, mais enfin on peut
l'éviter. Les frontières des Pays-Bas, devenues

---

cl ire l'infant Don Miguel, peu importante en apparence,
l'est beaucoup par le fait. Elle indique que ce cabinet
commence à éprouver l'influence de la mauvaise politique de MM. Canning et Villèle, ou qu'il ne se sent
point en état de lui résister; ou, ce qui serait non moins
pernicieux, que les souverains sont capables de sacrifier
les principes conservateurs sur lesquels la stabilité des
trônes et des nations est fondée, à des considérations de
famille.

menaçantes contre la France, seront pour elle toutes les fois que les puissances du Nord le voudront. Les armées de l'Angleterre sont peu redoutables pour le continent; aussi, se donne-t-elle pour auxiliaires les phalanges révolutionnaires cachées au sein de tous les états, et qui n'attendent que le moment favorable d'arborer l'étendard de la destruction. Quant à M. de Villèle, il n'y a qu'à prendre un ton décidé avec lui, et le faire trembler pour son portefeuille. Si on le laisse aller, on peut être assuré que s'il y a une bévue à faire, une mesure à prendre qui compromette nos intérêts, accélère la chute du trône, son mauvais génie le portera à lui donner la préférence.

Des modifications apportées à l'ancien mode de gouvernement espagnol et portugais, qui eussent été utiles étant opérées avec précaution et par la volonté spontanée des souverains légitimes, ne seront désormais que des sujets d'anarchie. Nul doute que les révolutionnaires l'emporteront en Portugal, comme plus tard en Espagne; est-ce que les royalistes ont jamais eu le dessus dans ces sortes de luttes? Et plus elles se renouvelleront, plus le parti des rois faiblira. Notre système politique lui a porté des coups dont il ne se relèvera point : les armes des combattans sont par trop inégales: Les premiers offrent à leurs soldats le partage des riches dépouilles des vaincus, ainsi que des faveurs du gouvernement; les autres n'offrent aux leurs que la perspective du martyre dans la défaite, la misère et la honte dans la victoire. Tout ce qu'on peut faire pour la fidélité, c'est de la relever, par une amnistie, du crime d'avoir exposé sa fortune et sa vie pour le souverain.

Si les novateurs de Madrid, de Naples et de Turin, ne s'étaient point relâchés de leurs principes, qu'ils se fussent d'abord occupés de déplacer les fortunes, en donnant les biens des opposans à leurs adeptes, ils auraient eu des armées invincibles. Cette maxime d'ôter à ses ennemis la faculté de nuire me semble très naturelle, l'usage tournerait au profit des rois, en ce qu'il obligerait les grands et les riches d'un royaume à veiller au maintien du bon ordre. Ce sont les vices et les passions des personnages élevés de la société qui commencent les révolutions, l'ignorance et la fureur du peuple les achèvent. Dans le siècle passé, si la cour avait retiré ses faveurs aux grands qui se prenaient de belle passion pour les sophistes, et les dérobaient souvent à la rigueur des lois, ils les auraient abandonnés à eux-mêmes, et ces charlatans philosophiques ne trouvant plus à débiter leurs drogues, eussent fait un meilleur emploi de leurs talens.

On a tort de vouloir faire des révolutions un jeu d'enfans : c'est provoquer l'envie d'en essayer. On parle de l'injustice de punir un fils des fautes de son père; est-ce qu'il ne profite pas des récompenses que ses vertus lui ont méritées? D'ailleurs, pour que le motif de cette allégation fût admissible, il faudrait qu'il servît de règle aux deux partis. La légitimité ne procède point comme son ennemie, en ce qu'elle ne prend jamais l'offensive; mais étant attaquée, elle doit égaliser les armes. Prétendra-t-on qu'un honnête homme assailli au coin d'un bois par un scélérat qui fond sur lui l'épée à la main, doive quitter la sienne, et ne faire usage que du fourreau?

Les considérations du bien-être particulier doivent céder devant celles du bonheur général; et l'on ne saurait prendre trop de précautions pour empêcher le retour des crimes qui le compromettent. Tel factieux méprise assez sa vie pour la risquer en conspirant contre l'Etat, qui reculerait d'effroi en pensant qu'il expose l'existence de toute sa famille; celle-ci serait davantage intéressée à surveiller son chef, et à modérer l'effervescence de ses opinions politiques.

La Sainte-Alliance n'intervenant point dans les affaires du Portugal, l'Espagne aura beau vouloir se préserver de la contagion du mal qui travaille son voisin, elle en recevra le poison par tous les

pores ; et l'admission d'une charte amenée par la
force motrice qui entraîne ces deux royaumes,
sera le cheval de bois révolutionnaire introduit
dans le boulevard de la légitimité, et lui fera
subir le sort de Troie.

Si l'infant don Miguel reste dans la position
où il s'est placé, il est possible que la gravité des
circonstances fasse sortir la Sainte-Alliance de
son impassibilité, et donne une nouvelle direction
à sa politique : je n'y crois point, mais la chose est
possible. Si ce prince reconnaît l'autorité de son
frère, l'empereur du Brésil, cet acte de soumission, en élevant un parti autant qu'il abaisse
l'autre, procurera un moment de répit. Le nouveau gouvernement se raffermira ; les ennemis
dispersés rentreront , viendront se poster en
face, et, sous les noms de religion, patrie,
charte, liberté, travailleront mutuellement à
s'exterminer avec les armes que la constitution
leur fournit. Pour se faire une idée de l'inégalité
qui existe entre les parties belligérantes, conséquemment décider par avance quelle sera l'issue
de la guerre entre l'anarchie et la royauté, exa-
minons ce qui a eu lieu en France.

La famille régnante et les hauts personnages
qui ont part aux affaires, ont vu périr la moitié
des leurs par suite des changemens opérés à la
manière dont on les introduit en Portugal (la

constitution fut proclamée au nom de Louis XVI),
et ont eux-mêmes éprouvé tous les genres de vi-
cissitudes. Les hommes qui provoquent ces révolutions se sont tous, plus ou moins, montrés
acteurs, fauteurs, approbateurs de celle dont
nous sortons, c'est-à-dire ennemis de la légitimité.
Depuis la restauration, ce parti a combattu seul
contre l'ordre établi par la Sainte-Alliance; cependant il est parvenu à faire triompher ses doctrines dans les deux Mondes, à maîtriser l'opinion publique en France, à influencer le gouvernement du Roi, la cour et *tutti quanti* : il semble
que l'empire de la fatalité pousse les hauts personnages à courir présenter leur poitrine aux coups
qu'on leur prépare. Tout ce qui sert d'appui au
trône est incessamment attaqué, flétri, détruit;
les ennemis de toutes les époques des Bourbons,
traitent de factieux leurs amis de toutes les époques. Telle feuille quotidienne qui servit de ré-
ceptable à cette infernale correspondance privée, qui préludait à la perte de l'héritier pré-
somptif de la couronne, aujourd'hui Charles X,
est devenue l'organe officiel du premier ministre
de Charles X. On destitue les royalistes avec
une brutalité qui décèle la haine d'enragé qu'on
leur porte. Où cela se passe-t-il, aux antipodes?
Non, à Paris, sous les yeux du Roi, et s'exécute
en son nom.

Jugez quelle sera désormais la puissance du parti de la révolution, étayé des républiques du Nouveau-Monde, des gouvernemens d'Espagne et de Portugal, sans compter les auxiliaires qu'il va encore se donner! Quelle autorité n'aura-t-il pas dans la péninsule, étant représenté par des anciens champions de la légitimité, qui diront à leurs adversaires : Nous avions versé notre sang pour le Roi, et vous nous avez proscrits, parce que nous demandions des · institutions dont la nécessité a été reconnue; c'est donc nous qui sommes les véritables amis de la monarchie et les plus propres à la servir; disparaissez, et laissez-nous la direction des affaires. Cependant on ne peut se dissimuler que ces hommes n'aient adopté des doctrines, contracté des engagemens, des amitiés, des haines, qui ne soient contraires à la monarchie.

Une fois livrés à l'esprit de parti, les sentimens ni les intentions des individus ne sauraient rassurer sur leur conduite, notamment à l'égard de ceux qui ont à contenter les passions populaires. Il ne leur est plus permis de s'arrêter; les exigences d'un côté, la résistance de l'autre, les jettent hors des limites qu'ils s'étaient d'abord tracées. L'orgueil, l'intérêt de leur position, sont des tyrans qui les obsèdent et les empêchent de retourner sur leurs pas. Enfin,

l'heure du combat décisif arrive; il faut se réfu-
gier dans l'une des deux armées, sous peine d'ê-
tre écrasé par le choc de toutes les deux à-la-fois;
il s'agit de vaincre ou de mourir; et alors l'être
doué d'un caractère paisible se transforme en tigre
furieux. Nous avons vu M. de Villèle partir de la
tête des premiers bancs de l'extrême droite de la
Chambre des députés, proclamer des principes
du plus pur royalisme; eh bien! je prédis qu'on
le verra poursuivre les royalistes avec autant
d'acharnement que leurs persécuteurs de 1792.
Sous le règne de Louis XVIII, n'y a-t-il pas eu
la conspiration du bord de l'eau, une insurrec-
tion de vieux soldats vendéens organisés contre
le trône, des plus fidèles serviteurs du Roi persécutés, plongés dans des cachots, ensuite un
prince assassiné? Car c'est toujours cette auguste famille qui subit la peine de nos fautes.
Des faits semblables se reproduiront encore et
ne corrigeront personne.

Des beaux esprits, hommes d'état, assurent
emphatiquement que la diversité des opinions
politiques, nées des troubles civils qui ont entièrement changé la face d'un empire, s'effacent
avec le temps : cette assertion n'est vraie que
pour l'opinion monarchique. Dans les premières
années de la restauration on en disait de même
pour la France. Voyez, jugez et prononcez.

Le despotisme n'est jamais aimable, mais il est quelquefois utile ; c'est principalement au sortir des violentes commotions politiques. L'autorité qui lui succède ne peut solidement s'établir, si elle n'a le pouvoir de comprimer tout ce qui lui est opposé, et ne sait faire prédominer tout ce qui est indispensable à son existence. Se donner un genre de gouvernement qui ouvre un libre accès aux passions, offre toutes sortes d'appâts aux ambitions, facilite l'expression et la propagation de toutes les erreurs, c'est jeter le désordre au milieu du chaos, employer l'huile bouillante à éteindre l'incendie. Personne, plus que moi, n'aime la liberté et n'a l'arbitraire en horreur ; mais, après une révolution qui a tout bouleversé, pour qu'une nation puisse jouir de l'un et être préservée de l'autre, il faut préalablement qu'elle soit replacée sur ses bases naturelles, reconstituée avec les élémens qui lui sont propres ; qu'elle ait corrigé ses erreurs, purifié sa raison. Le despotisme que je conçois est tout simplement la faculté d'opérer le bien par des moyens nobles, hautement avoués, invariablement suivis.

La révolution s'étant consolidée dans la péninsule, franchira incontinent les Pyrénées pour aller établir son quartier-général en Italie, d'où elle dirigera ses batteries sur le Nord. Ici la lutte

deviendra longue et terrible; mais le génie sa-
tanique qui préside aux affaires de ce monde,
triomphera de tous les obstacles. M. Canning
pourra s'applaudir de son ouvrage : l'industrie
continentale qui commençait à l'inquiéter sera
anéantie; nos ouvriers-manufacturiers auront été
métamorphosés en soldats, nos ateliers en casernes et en prisons. La politique du ministre in-
sulaire apparaîtra dans tout son jour, et il
en fera mouvoir les ressorts avec ce sentiment
de justice et d'humanité qui lui en a suggéré le
plan. Tantôt il se déclarera pour les bleus et tantôt pour les blancs; aujourd'hui pour le Nord,
demain pour le Midi : opposant tour-à-tour le
nouveau monde à l'ancien, et l'ancien au nouveau : ici, il poussera à la guerre, là, il exigera
une suspension d'hostilités pour ensuite les faire
recommencer avec plus de fureur, et toujours
en dictant les conditions des traités au profit du
commerce et de la domination anglaise. On verra
souvent des souverains être assez malheureux
pour implorer les secours du perfide auteur de
leurs calamités, de cet orgueilleux plébéien qui
veut venger sur l'univers le dédain qu'il essuya
des patriciens de son pays. A sa mort la bassesse
et le crime lui décerneront l'apothéose, la postérité vouera son nom à l'exécration des races
futures.

Mais l'incendie dépassera les bornes que ce
ministre a pu lui assigner ; sa violence mena-
çant de lui ravir les fruits qu'il en avait recueil-
lis, il voudra l'arrêter : ses efforts seront vains;
il fut tout-puissant pour faire le mal, il sera sans
force pour le réparer. L'Europe, ruinée, dévastée
par les guerres et par l'anarchie, n'offrira plus que
ses blessures et sa misère à la cupidité britannique;
ses peuples revenus de leur délire, honteux d'être
dupes, irrités de leurs souffrances, tourneront
leur rage contre l'oppresseur engraissé de leur
sang, enrichi de leurs dépouilles ; renverront dans
son sein tous les fléaux qu'il leur avait suscités.
L'Inde, sortie de l'ignorance, l'Amérique parvenue à l'âge de virilité, s'affranchiront violemment de sa tutelle, et lui arracheront le sceptre
des mers. C'est alors que l'Angleterre endurant
à son tour les maux qu'elle nous fit, en maudira
l'auteur.

Au milieu de la destruction universelle, que
seront devenues les trois dynasties des Bourbons?
Hélas! elles auront disparu, ou perdu sans retour le brillant héritage de leurs aïeux. C'est par
elles que l'usurpation, coiffée d'une couronne
ou d'un bonnet rouge, aura procédé au renou-
vellement de toutes les vieilles dynasties. Le cœur
se resserre en y réfléchissant : malheureusement
il n'est plus permis de se faire illusion, ni se li-

vrer à l'espérance. Ce n'est pas que je croie à l'impossibilité de les sauver, et qu'il n'y ait pas en France des hommes qui connaissent le mal et sauraient lui appliquer le remède ; mais ces hommes, s'il en existe, comme j'aime à m'en flatter, n'arriveront jamais en position d'agir efficacement. Le système qui nous régit a jeté des racines trop profondes, il reçoit sa force d'une bonté de caractère que rien ne fera changer, et s'appuye sur des vices dont la nation est trop généralement imprégnée. Quand les circonstances seront tellement compliquées que leurs difficultés écraseront la faiblesse des ministres actuels, ou qu'ils voudront se retirer, afin de jouir en paix des richesses qu'ils ont amassées (je dis voudront, parce que depuis la dernière session, j'ai acquis la certitude qu'ils peuvent se soutenir en place aussi long-temps qu'il leur plaira), leur retraite sera comme qui dirait un arrangement de famille : il n'y aura que quelques individus de changés. Pierre se démettra en faveur de Paul, à condition que Paul suivra les erremens de Pierre. Tout restera sur le même pied , et nous continuerons de marcher vers la catastrophe, avec ni plus ni moins de vitesse.

Il s'est formé autour du pouvoir une croûte indélébile d'hommes à caractère souple , à doctrines relâchées, qu'on a vus figurer dans toutes

5

les phases de notre nouvelle ère, et ont été constamment les fervens adorateurs de tous les ministres, de tous les gouvernemens, ainsi que de
tous les maîtres; jurant toujours de vivre et mourir pour eux, et se conservant toujours pour le
premier occupant. Il est bien entendu que je
n'entends pas envelopper dans cette catégorie,
les braves qui, par leur noble courage, ont su
effacer sur nos frontières les crimes de l'intérieur,
ni ceux de toutes les professions qui ont servi la
France pour elle-même, et qui, après avoir fait
serment à la légitimité, n'ont plus dévié des
principes sur lesquels son existence est fondée;
mais les caméléons dont l'intérêt privé est la
seule idole à laquelle ils sacrifient. A cette en-
geance rapace, qui pullule parmi nous, est venue
se joindre quantité de misérables qui, ayant jadis fait preuve de dévouement à la royauté, s'i-
maginent pouvoir désormais tout se permettre
sans qu'on ait le droit de suspecter leurs sentimens. Voilà les gens à qui il sera donné d'ache-
ver l'œuvre si bien commencée.

Supposons, contre toute probabilité, qu'un
ministère composé de royalistes prévoyans et bien
intentionnés survienne aux affaires; le premier
mot d'ordre qu'il recevra sera de ne point trop
s'écarter de l'ornière battue jusqu'à ce jour, quand
il faudrait s'en frayer une tout-à-fait nouvelle;

qu'il serait urgent de recomposer l'édifice social
dans toutes ses parties, sans toucher aux hommes
ni aux fortunes acquises. La faiblesse, l'ineptie,
la perfidie lui susciteraient des obstacles à chaque
pas, devant lesquels il reculerait sans cesse, et
se trouverait insensiblement au point de départ
sans s'être aperçu du chemin qu'il aurait par-
couru. Il faudrait que tous les membres de cette
nouvelle administration fussent doués d'un patriotisme et d'une trempe de caractère extraor-
dinaires. Il faudrait presque un miracle, et je ne
crois pas à ce miracle. D'ailleurs, l'horizon
change pour nous en même temps que le point
de vue sous lequel nous l'observons : arrivé au
port, on oublie facilement une tempête essuyée.
Quoi qu'il en soit, je désire ardemment voir
essayer cette dernière épreuve.

CHAPITRE CINQUIÈME.

———

Le projet que je dénonce aux cabinets du Nord, surtout les désastres que j'en prévois, trouveront immanquablement beaucoup d'incrédules ; je n'en suis point surpris : ce sera un phénomène dont l'histoire n'offre aucun exemple. Si vingt ou trente années avant notre révolution, quelqu'un se fût avisé de prédire la mort de la famille royale sur l'échafaud, après avoir été abreuvée des plus dégoûtantes avanies, un cri général d'indignation se fût élevé contre lui, il eût payé de sa tête son courageux dévouement. Pour moi, je n'ai à craindre que les clameurs des hommes qui voudraient empêcher qu'on sonnât le tocsin, et de ceux qui cherchent à prolonger les douces illusions des ministres.

Le jour où l'on sentira la réalité du danger que je signale, il ne sera plus temps d'y porter secours : la révolution s'étant emparée de toutes les positions, un marasme fatal nous retiendra dans un tel état d'indifférence et d'affaissement,

qu'il ne nous laissera pas le courage d'employer
le remède propre à notre guérison. Jusqu'au milieu de l'année 1791, la royauté, par une résolution
énergique, pouvait encore se sauver : rien ne fut
fait ; on tendit la tête au fer qui allait l'abattre.

L'institution de la Sainte-Alliance, chef-d'œuvre de la conception humaine, désespoir des méchans, ancre de salut des bons, assurait aux rois
la paisible jouissance de leurs droits, aux peuples la durée de leur bonheur. Quel génie in-
fernal, obstiné à notre perte, en a relâché les
liens ? celui qui domine nos ministres : l'égoïs-
me et l'orgueil. Vainement la Providence, unie
aux monarques du Nord, nous a-t-elle rendu deux
fois nos princes légitimes, deux fois les ministres
ont rendu ce bienfait incomplet ; ils ordonnèrent
l'expédition d'Espagne, la bravoure et la loyauté
l'exécutèrent ; les ministres ont encore neutralisé
l'effet de la victoire : leur sort est de flétrir tout
ce qu'ils touchent.

On présume que l'ardeur de feu l'empereur de
Russie pour l'alliance dont il avait été le promo-
teur, s'était considérablement ralentie. Dégoûté
de voir ses soins infructueux à pacifier le midi
de l'Europe, le désir d'accomplir ses brillantes
destinées et le besoin d'occuper une armée pleine
d'enthousiasme lui avaient fait tourner ses vues
vers l'Orient. Il paraît que son successeur par-

tage cette indifférence, pensant être parfaitement
à l'abri des entreprises offensives de la part des
puissances dont le magnanime Alexandre fut le
soutien, sans considérer que ce ne sont point les
armées de ses voisins qu'il doit redouter, mais
l'esprit désorganisateur qui s'agite parmi nous,
et dont ses états ne sont pas exempts. Des faits
récens ont dû l'en convaincre : en Espagne,
Lascy et Portier échouèrent, Quiroga et Riégo
réussirent.

Il appartenait à la France de s'emparer du
sceptre de l'alliance monarchique dont la Russie
semble vouloir se dessaisir : elle eût remonté au
rang qui lui est destiné, et en aurait retiré des
avantages immenses. Le ciel en a décidé autrement; croyant sans doute n'avoir pas suffisamment
châtié nos folies, il nous a infligé M. de Villèle. Le
chef du cabinet autrichien hésite à prendre la direction du pacte sacré, d'en proclamer et faire
triompher les principes. Qu'il ne se laisse point
entraîner à ce sentiment de défiance que les ennemis des rois cherchent à leur inspirer, ni à cette
politique méticuleuse qui veut toujours mesurer
la force des empires à leur étendue !

Dans ces derniers temps, des diplomates et
des publicistes à cerveau creux, pour donner
de l'importance à leur profession, ont voulu faire
de la diplomatie une science exacte; ils se sont

épuisés en faux raisonnemens pour trouver une
balance européenne qui ne saurait jamais s'établir
avec précision, et, en pareille matière, il ne faut
point d'à-peu-près : si minime que fût le poids
qu'on laisserait dans l'un des bassins, l'équilibre
serait bientôt rompu. Comment déterminer cette
balance? est-ce en partageant la population européenne en deux portions égales? D'abord rien
n'est moins politique que cette division en deux
camps, prêts à s'entre-déchirer sur un simple
motif de plainte, que la rivalité peut faire naître
à volonté; ensuite la différence de richesses, de
mœurs, de climat, de position géographique,
donne ou ôte aux peuples les moyens de faire
la guerre. Telle puissance qu'on ferait entrer
aujourd'hui dans la balance pour telle somme
de force, peut, par des causes intérieures qui
échappent à la perspicacité de l'observateur, ne
l'avoir qu'en apparence, ou diminuer chaque
jour, tandis que celle d'une autre augmentera.
Mais lors même qu'après beaucoup de recher-
ches, on eût rencontré le juste milieu, à quoi
cela aboutirait-il, si l'une des puissances désertait
à l'ennemi au moment des hostilités? Ce serait
une perfidie, une violation à la foi des engagemens; à la bonne heure, mais on l'a vu tant de
fois, que ce n'est guère la peine de bâtir des sys-
tèmes sur un fond si fragile.

La première science du diplomate doit être la franchise, et une excellente judiciaire pour savoir allier l'équité avec les intérêts de sa nation. Le meilleur équilibre que les souverains doivent songer à établir entr'eux, c'est d'adopter pour règle invariable d'être toujours justes, de ne jamais faire au prochain ce qu'ils ne voudraient pas qu'on leur fît; conserver soigneusement les états et les peuples que Dieu a confiés à leur garde, sans abuser de leur supériorité pour opprimer des voisins faibles.

L'institution de la Sainte-Alliance pouvait remplir ce but : tous les griefs survenus entre les divers états composant la grande famille européenne, entre les peuples et les rois, seraient venus se débattre devant cet auguste tribunal, et eussent été résolus conformément au titre respectable qu'il s'est donné.

L'autorité des rois est fondée sur l'équité, leur puissance, sur la prospérité de leurs sujets. Comme hommes, ils peuvent se tromper, ou être trompés par d'astucieux hypocrites qui seront parvenus à surprendre leur religion. Les conseils bienveillans de leurs égaux, réunis dans des vues généreuses, les éclaircront et les feront rentrer dans le sentier de la vérité, hors duquel ils ne sauraient compter un instant sur la stabilité de leur trône; elle est à ce prix désormais. Jadis ils pouvaient se permettre ces petits amusemens guerroyans, où, après avoir fait tuer une cinquantaine de milliers de soldats, ils concluaient des traités par lesquels tout était remis dans la même situation qu'auparavant. Les choses ont changé de face; ils ne doivent plus songer à se procurer ces divertissemens obtenus exclusivement au préjudice des pauvres cultivateurs, pour l'intérêt de quelques ambitieux. A présent, ce serait au risque de perdre leur couronne, au profit de la révolution.

Du moment que les souverains méconnaîtront les principes d'une rigoureuse équité, les précautions pour se préserver des agressions d'un voisin avide et turbulent seront inutiles. Leur prétendu équilibre ne servirait qu'à entretenir leur défiance, et provoquer des guerres qu'ils doivent éviter. Aussi les écrivains connus pour désirer un changement complet dans le système monarchique de l'Europe, visent constamment à troubler la bonne intelligence des cabinets.

J'ai souvent entendu mettre en question si la guerre n'était pas un mal nécessaire, et être presque toujours résolue à l'affirmation, prétextant que l'espèce humaine, devenant trop nombreuse, se dévorerait entr'elle faute de nourriture. Avant de soutenir une pareille thèse, il faudrait prouver qu'il n'y a plus au monde un

pouce de terre inculte, ou qu'il est impossible
de multiplier ses productions. La guerre est un
fléau légué des siècles de barbarie, entretenu par
l'avarice et l'orgueil de quelques individus, qu'ils
ont su lier à de faux préjugés de bravoure et
d'honneur. La civilisation aurait dû proscrire des préjugés si contraires à l'humanité, et
aux doux sentimens de la nature ; mais abusant
du don heureux qu'ils ont reçu du ciel pour
éclairer leurs semblables, les écrivains contri-
buent à les éterniser, soit en exposant à l'admiration des peuples de farouches conquérans
qui ravagèrent le monde, soit en prodiguant l'é-
loge à ceux de leurs contemporains qui marchent
sur leurs traces. On les voit encourager la férocité, en mettant tous les dieux de l'Olympe à con-
tribution pour orner l'idole ensanglantée dont
ils mendient les largesses.

La seule et véritable gloire à laquelle un souverain doive aspirer, est celle d'octroyer d'excel-
lentes lois à son peuple, de lui inspirer, par son
exemple, des idées de morale et de justice. Celle
que procure le courage physique est au-des-
sous d'eux ; ils ne peuvent l'obtenir sans manquer à l'auguste mission à laquelle Dieu les a destinés ; et il n'y a point de bravoure à faire battre
les autres, ainsi qu'il n'y a nulle gloire là où il
n'y a nul danger à courir. Quand un souve-

rain a mérité le titre de juste, on ne peut rien ajouter à son éloge, et il faut lui élever des autels.

L'histoire de l'univers nous présentant les nations civilisées constamment subjuguées par les hordes barbares, devrait faire détester la guerre aux partisans des lumières. S'il est dur de voir l'esprit et le savoir devenir esclaves de l'ignorance, il l'est bien davantage encore de les voir travailler eux-mêmes à se forger des fers.

Le sentiment qui nous porte à faire le sacrifice de notre vie, est noble sans doute; mais il est si voisin de celui qu'inspire une brutale férocité, qu'il est bien difficile de le distinguer; et la gloire qu'il donne, partagée souvent avec les plus vils scélérats, est moins faite pour toucher un cœur magnanime. Aussi le courage est digne d'estime ou de mépris, suivant l'usage qu'on en fait.

En parcourant l'histoire ancienne et moderne, on peut se convaincre que la guerre a toujours été funeste aux vaincus comme aux vainqueurs: elle détruit les uns et prépare la ruine des autres. Les victoires d'Annibal, les conquêtes des Romains, en sont une preuve irrécusable. De nos jours, après vingt années de triomphe, sans la légitimité qui vint tempérer l'exaspération des armées coalisées, la France eût été réduite en cendres. La guerre, réunissant de vastes pays sous la domination d'un seul homme, rend or-

dinairement les peuples plus malheureux. Les
états où le prince peut tout voir par lui-même,
sont, en général, plus florissans, la justice y est
mieux administrée, les abus et les délits moins
nombreux, les conspirations faciles à prévenir,
les troubles promptement apaisés. Néanmoins,
la manie des grands empires prenant sa source
dans la vanité des princes, comme dans celle des
sujets, ne se guérira pas de sitôt.

✿✿✿✿✿✿✿✿✿✿✿✿✿✿✿✿✿✿✿✿✿✿✿✿✿✿✿✿✿✿✿✿✿✿✿

CHAPITRE SIXIÈME.

La politique de la France doit essentiellement différer de celle de l'Angleterre : parcourant ensemble la carrière industrielle et commerciale, nos intérêts s'entrechoquent continuellement. La raison qui fait que telle chose lui convient, fait précisément qu'elle ne nous convient pas. Des puissances secondaires et qui, proportion gardée, ont beaucoup moins de causes de dépenses que nous, peuvent trouver à glaner, après notre rivale, de quoi suffire à leurs besoins ; mais la France ne saurait s'en contenter : c'est pourtant la seule chance que nous ayons en nous traînant à sa suite. De quelque beau titre que l'on décore nos traités commerciaux avec elle, le résultat sera toujours que nous nous ruinerons quand elle s'enrichira ; et de quelques formes que l'on pare notre condescendance à suivre l'impulsion qu'il lui plaît d'imprimer à nos relations extérieures, nous perdrons en considération ce qu'elle gagnera. Toutes les fois que nous nous

présenterons sur un marché quelconque aux
mêmes conditions des Anglais, ce sera pour être
témoins de leur supériorité, et recevoir le prix
humiliant de notre imprévoyance. Plus tard les
négocians français feront l'expérience de cette
vérité : mais alors, pense-t on qu'ils se reproche-
ront d'avoir poussé le gouvernement à de fausses
mesures ? mon Dieu non ; ils attribueront leur
redoublement de gêne au jésuitisme, à l'ultra-
montanisme, à l'esprit prêtre ; ou bien ce sera
nous, écrivains *ultras*, qui aurons occasioné
ce malheur par nos avertissemens.

Ayant ainsi que l'Angleterre des objets manufacturés à revendre, lions particuliérement nos
intérêts à ceux des puissances continentales qui
ont à en acheter, et qui, au besoin, nous aide-
ront à la contraindre d'être juste envers nous.
L'ordre immuable de la Providence ayant voulu
que nous fussions rivaux avec les Anglais, subis-
sons-en la rigueur en chevaliers francs et courtois :
que la loyauté préside à toutes nos opérations ;
travaillons au bien-être de notre patrie sans chercher mutuellement à nous nuire, si ce n'est par
les procédés que l'honneur autorise. L'Angleterre a profité de nos désastres pour fonder sa
domination sur les mers ; revenus à un état plus
prospère, nous pourrions, sinon la déposséder
de ses usurpations, du moins adopter un sys-

tème tendant à regagner ce que nous avons perdu.

La France se mouvant dans un cadre trop large relativement à ses propres moyens, ne peut éviter une conflagration intérieure, qu'en portant au dehors l'exubérance de son activité, et suppléer à ses besoins : elle eût trouvé cette ressource en donnant à nos établissemens d'outre-mer tous les développemens dont ils sont susceptibles. Si les nouveaux états d'Amérique se consolident, les colonies qui nous restent secoueront, tôt ou tard, le joug qu'elles souffrent impatiemment; notre haut commerce en sera pour jamais anéanti, et par suite notre marine. Nous en serons réduits au cabotage de la Méditerranée, si toutefois les Anglais daignent nous le permettre : différemment, il nous restera la libre navigation de la Seine et du Rhône. Pour lors notre marine sera au niveau du génie du ministre qui en a la direction : il appartient à une famille qui a fort bien conduit sa barque sur les rivages du fleuve qui alimente la capitale ; c'est apparemment à cette considération qu'on lui a confié le trident de Neptune.

Exclus du commerce maritime, pressés de tous côtés par la superbe Albion, il faudra nous en tenir à cultiver nos fruits, et cuver de bons vins pour l'usage de messieurs les Anglais;

charge très honorable sans doute, et tout-à-fait digne des sentimens élevés de nos ministres ; mais qui devrait tant soit peu répugner à des cœurs vraiment français. Il est probable que nous n'arriverons pas même jusque-là, la révolution viendra mettre un terme à nos extravagances.

Quelle belle circonstance nous est encore offerte d'élever la France au rang qui lui est assigné ! La direction de l'alliance européenne, dont l'héritage lui est échu de droit en partage, donnait à nos hommes d'état la noble mission de consolider les trônes légitimes sur des bases inébranlables, en assurant aux peuples un bonheur durable. L'Espagne, incapable désormais de régler les affaires de ses colonies d'après les conseils bienveillans de ses alliés, se serait démise d'une partie en leur faveur, et ceux-ci auraient pu ériger en royaume la portion qui leur eût été déléguée pour être l'apanage d'un prince de leur race. L'Ancien et le Nouveau-Monde contractant ainsi des nœuds indissolubles, les traités entr'eux eussent toujours eu pour but leur prospérité commune, s'imposant réciproquement l'obligation de ne prendre aucune mesure tendant à en élever un au détriment de l'autre. La politique et l'humanité réclament également l'accomplissement de ce projet.

Quel motif raisonnable allèguerait-on pour s'y refuser ? L'Angleterre elle-même y gagnerait ; les avances qu'elle a faites aux gouvernemens éphémères de ces contrées lui seraient garanties ; elle n'aurait plus à craindre, dans l'avenir, pour ses possessions coloniales ; son commerce, malgré la concurrence de quelques puissances de l'Europe, conserverait les avantages de sa supériorité, et la prompte popularisation du continent américain lui ouvrirait d'immenses débouchés.

Je ne comprends guère pourquoi la Grande-Bretagne, qui pourrait entretenir paisiblement sa prospérité, en sachant en jouir modérément, se donne tant de peines, use de tant d'intrigues, violente l'univers, cherche à le mettre à feu et à sang : tout cela pour nourrir le monstre qui la dévorera un jour. Le système politique dans lequel elle s'est engagée, peut convenir à un ministre qui, ayant le cerveau brûlé ou attaqué du spleen, se joue de l'existence des nations, comme de sa propre vie, pour se rendre fameux dans l'histoire ; mais l'aristocratie anglaise devrait-elle le laisser faire ?

L'*Étoile*, en parlant du projet ci-dessus, que j'ai développé dans plusieurs écrits, prétend qu'il n'entre dans les vues d'aucun cabinet, ce qui veut dire probablement qu'aucun cabinet ne

l'a mis en avant. Je le crois sans peine ; à qui
appartient-il de le proposer et d'employer tous ses
soins à le faire réussir, si ce n'est à la France,
comme y étant le plus intéressée, et devant
avoir plus d'influence sur la cour de Madrid ?
Est-ce aux puissances qui n'ont point de marine
à prendre l'initiative, ou à l'Angleterre qui vise
à détruire celle des puissances qui en ont une ? C'est
à la France à en faire l'objet spécial de sa politique, et aux ministres du roi légitime à écouter
les avis des royalistes, non ceux des révolutionnaires.

Rien ne caractérise mieux l'esprit de vertige
qui règne en Europe que de voir les souverains
ruiner leurs peuples à entretenir des armées for-
midables afin de s'observer, être incessamment
prêts à se déchirer pour la souveraineté de quelques toises de terrain, et abandonner un monde
qui leur appartient, plus vaste, plus riche que
celui qu'ils occupent, à une demi-douzaine d'a-
venturiers. Il y a bien là de quoi confondre la
raison.

Qui empêcherait de donner aux Américains
une forme de gouvernement monarchique ana-
logue au nôtre, qu'on dit si parfait ? Ne de-
vraient-ils pas être plus fiers d'obéir à des
princes d'un sang royal , qu'à des individus
qu'ils ont vus leurs égaux, et qui sont d'origine

étrangère? Au surplus, l'Amérique fut, si l'on
veut, acquise à l'Espagne par un principe peut-
être condamnable; mais quatre siècles de possession ont légitimé le fruit de la conquête.
Tous les empires n'ont pas autrement été fondés;
les Américains sont légalement sujets de Ferdinand VII : à ce titre, il a le droit incontestable
de leur donner le mode d'organisation com-
mandé par les circonstances et dans l'intérêt de
tous. Faut-il compromettre le sort des deux
Mondes pour la satisfaction de quelques ambitieux qui pourraient se croire humiliés de des-
cendre au second rang? Les amateurs de révolutions et les partisans des usurpations auraient
seuls à se plaindre de la mise à exécution de ce
projet; mais je ne pense pas que les ministres des
monarques légitimes doivent consulter leurs
fantaisies.

✿✿✿✿✿✿✿✿✿✿✿✿✿✿✿✿✿✿✿✿✿✿✿✿✿✿✿✿✿✿✿✿✿✿✿✿✿

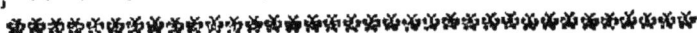

CHAPITRE SEPTIÈME.

———

Après le renversement du colosse qui pesait sur l'Europe, la Sainte-Alliance fit deux fautes énormes, celle de violer le principe de la légitimité dans la personne de l'ancien roi de Suède Gustave-Adolphe, et celle de conserver sur pied des armées beaucoup trop considérables.

L'intrigue qui précipita du trône l'héritier du grand Gustave-Wasa, étant encore enveloppée de ténèbres, il serait téméraire d'essayer à percer l'obscurité dont elle est couverte. On sait que ce nouveau Mithridate de la nouvelle Rome, fut accusé de folie, apparemment parce qu'il était trop sage pour ce siècle de folie. Ce prétexte, fondé ou non, ne saurait excuser l'oubli de la Sainte-Alliance à son égard. Cet exemple sera fatal a plus d'un prince descendant des monarques signataires du pacte conservateur de tous les droits légitimes. Qu'est-ce que la légitimité, si on la dépouille du prestige sacré dont elle est environnée? Si les souverains en violent les préceptes, ou négligent de lui rendre le culte qui lui est dû, comment les peuples consentiront-il s à se prosterner devant elle? En ne l'étayant que de la force dont ils disposent, elle cessera d'exister pour eux du moment que cette force leur échappera, et elle leur échappera, sitôt qu'ils n'auront pas d'autre frein pour contenir les peuples dans l'obéissance.

L'illustre Gustave-Adolphe, pénétré de ses devoirs et des principes sacrés de la légitimité, s'en montra l'intrépide vengeur : son âme magnanime, tout en estimant l'héroïsme de nos guerriers, dont il a mérité l'admiration, voua une guerre éternelle aux gouvernemens usurpateurs qu'ils défendaient, croyant ne défendre, que leur patrie. Comme roi détrôné, il éprouve le délaissement attaché au malheur. L'homme d'état, l'écrivain, n'ont de sollicitude, de dévouement, que pour les princes en position de les récompenser. Le plus sanguinaire, le plus vil des usurpateurs recevra leur encens s'il peut le payer; un dédaigneux oubli sera le partage de la vertu et de l'héroïsme déchu.

Mais que font pour ce roi de Suède ces illustres ingrats qu'il accueillit dans ses états avec tant de prévenance et de distinction, qu'il secourut avec tant de noblesse et de générosité? Les barbares feignent d'ignorer qu'il vit encore, et a une

postérité. Loin de moi la pensée de prêcher une
croisade contre le général français qui règne à
Stockholm. Je rends justice à son mérite, j'ap-
précie les services qu'il rendit à la coalition;
mais s'il est vrai que de belles qualités et de
grands services ne puissent se reconnaître que
par le don d'une couronne, était-il si difficile de
lui composer un royaume? Le Nouveau-Monde,
qu'on abandonne à des aventuriers, n'offrait-il
pas des moyens d'indemnité? La fatalité n'en a
point ordonné ainsi ; il a fallu consacrer une injustice à l'instant même qu'on venait d'exercer
un acte de justice. Puisse la postérité n'avoir
rien à reprocher à ce sujet aux monarques qui
nous ont donné la paix; je suis persuadé qu'elle
réhabilitera la mémoire du magnanime Gustave-
Adolphe.

Quelle mauvaise politique a pu suggérer aux
monarques signataires de la Sainte-Alliance l'i-
dée de conserver sur pied des armées formida-
bles ? Est-ce la gloriole d'avoir de grandes
masses de machines humaines à leurs ordres ?
Cette satisfaction est terriblement compensée
par les cajoleries qu'ils sont bien souvent obligés de leur prodiguer , quand rien ne compense
le danger qui en est inhérent. Si l'orgueil lais-
sait aux hommes la faculté de réfléchir sur leurs
véritables intérêts, ce qui en advint à l'empire

romain , et qui se renouvellera infailliblement dans l'Europe moderne, nous aurait appris à être plus sages.

Dans un état bien administré, quelques brigades de gendarmes suffisent pour contenir les perturbateurs; et, avec le système d'une assistance mutuelle entre les souverains, ils eussent toujours eu assez de soldats pour étouffer les révolutions naissantes. Si, depuis sept ou huit ans, les armées ont rétabli le bon ordre dans plusieurs pays, par qui et avec qui avait-il été troublé? Ne voulant pas entièrement se défaire des anciens préjugés guerroyans, avec de petites armées on obtiendra le même résultat alors qu'elles seront égales de part et d'autre. Ils ne font donc que surcharger leurs sujets d'impôts pour entretenir l'ulcère qui les rongera jusqu'à extinction de vie. Du moment que l'on se décide à tenir de fortes troupes sur pied, on doit porter la guerre à l'extérieur, ou s'attendre à l'avoir dans l'intérieur. Une discipline sévère pourra retenir long-temps dans l'obéissance passive des réunions d'hommes dans l'âge de l'effervescence et du délire de l'ambition; mais, à la première occasion qui se présentera, ils briseront violemment le frein qui les enchaînait, et prendront une part active aux événemens dans le sens qui leur offrira le plus de chances d'avancement ; et

l'on a malheureusement trop d'exemples qu'elles
ne se rencontrent point en suivant strictement la
ligne du devoir. En temps de troubles civils,
l'armée est une épée à double tranchant qui
coupe à droite ou à gauche, suivant l'impulsion
qui lui est donnée.

Le militaire en garnison y contracte les vices
et les erreurs dont la société est infectée. Si ces
erreurs se rapportent à la politique, et tendent
à une opposition contre l'ordre de choses existant, il s'en laissera d'autant plus séduire qu'il
est naturellement toujours mécontent de son
sort. Il déteste l'état de paix ; il serait pire encore s'il lui préférait celui de guerre. Toutes
les faveurs distribuées hors du champ de bataille, sont considérées comme des passe-droits
faits à chacun de ceux qu'elles n'atteignent
point.

En France, l'institution de l'armée, les lois
et réglemens qui la régissent, leur exécution par
rapport à l'esprit du siècle, tout est en parfaite
contradiction. La profession des armes est regardée comme la première de toutes, et la condition d'un officier est au dessous de celle du
plus mince artisan. Géné dans ses goûts, dans
sa liberté, en proie à toutes sortes de privations,
sa paie ne suffit pas à l'urgence de ses besoins
indispensables ; il est humilié de se voir cons-

tamment en arrière de ses affaires. Arrivé à l'âge
mûr, avec le grade de lieutenant, il reçoit sa retraite avec une pension de cinq à six cents francs,
et s'en va, vieux garçon, végéter au fond d'une
province, dans un état voisin de l'indigence,
quand il aurait pu, avec un métier quelconque,
amasser, pendant sa jeunesse, de quoi se procurer quelqu'aisance au déclin de ses jours, et
jouir des consolations de ses enfans.

La loi sur l'avancement éteint l'émulation, si
nécessaire au militaire, et frustre le mérite de
ses droits. Le tiers des places, laissé au choix
du Gouvernement, est insuffisant pour satisfaire
les désirs du petit nombre des protégés, et
blesse les prétentions de tout le reste, qui,
d'après nos institutions et l'esprit du siècle, se
figure avoir un droit égal aux faveurs. De manière qu'en tâchant de contenter tout le monde,
on ne contentera réellement personne. Si l'on se
donnait la peine d'observer attentivement les
vices que je signale, ou en trouverait sûrement
des germes qui ne manqueront pas de se décla-
rer. Il serait superflu d'en indiquer le remède,
parce qu'il tient à un autre système général
d'administration.

La loi du recrutement est, sans contredit,
l'œuvre la plus monstrueuse que nous ayons em-
pruntée au génie révolutionnaire. Sous l'empire

d'une charte libérale, on arrache un fils des bras
de sa famille éplorée; on entraîne dans le tu-
multe des casernes, pour mettre sous l'autorité
absolue d'un sergent, un homme qui a l'état
militaire en horreur, à qui la nature a donné
des inclinations tout-à-fait opposées, et l'on ex-
cuse cette cruauté par l'impérieux devoir, pour
tout citoyen, de se consacrer à la défense de la
patrie, en même temps que l'on proclame la
faculté de s'y soustraire pour quelqu'argent.
Comment l'argent pourrait-il affranchir d'un
devoir que vous dites si sacré? il exige l'abnégation de soi-même, le sacrifice des plus belles
années de sa vie, de son avenir, de son existence
au besoin, et il ne serait pas commun à tous les
enfans de la même patrie! Ceux-là même qui
sont le plus intéressés à son indépendance, se
dispenseront de la défendre avec un peu d'argent! C'est un abus intolérable! Je ne veux pas
dire pour cela que la loi serait meilleure, si elle
imposait aux générations qui s'élèvent l'obligation d'aller perdre leur jeunesse dans les casernes; mais, à coup sûr, elle est mauvaise telle
qu'on l'a faite. Étant toute au préjudice du pauvre, elle excite l'avidité d'acquérir de l'or, à
quelque prix que ce soit, puisqu'il dispense de
tous les devoirs; que son absence expose à perdre la liberté, empêche de se livrer à ses affec-

tions, de travailler à son bonheur futur. Quoi! celui-ci étant parvenu à force d'infamie, de fraudes assez adroitement combinées pour échapper à l'action de la justice, à amasser du bien, rachètera son fils de l'obligation d'aller se faire tuer, le soignera à ses côtés, lui donnera une éducation qui le poussera dans la carrière de la fortune, et l'honnête homme son voisin sera condamné à se voir enlever le sien, au moment où il aurait pu alléger le fardeau de ses peines, pour revenir après huit ans, pétri de vices dont le moindre sera la fainéantise, un mortel dégoût pour l'état auquel le sort l'avait destiné, et il rentrera dans la classe de ces êtres où les conspirateurs trouvent d'aveugles instrumens à leur desseins.

C'est précisément lorsqu'il est instant de stimuler le désintéressement, d'ouvrir des routes faciles à la probité, que la législation tend à provoquer la cupidité. Le recrutement volontaire, ainsi qu'il se pratiquait autrefois, semble être en aversion à des généraux modernes; ils prétendent que l'armée serait peuplée de vagabonds. Ces messieurs sont bien difficiles d'avoir tant de répugnance pour des armées formées d'après le mode usité pour celles où les Condé, les Turenne, les Luxembourg, les Catinat, rendirent leurs noms immortels en combattant à leur tête.

Mais qu'est-ce qu'un vagabond ? Je croyais qu'il n'y avait en France que deux classes de citoyens : ceux qui sont momentanément sous le poids d'une condamnation judiciaire flétrissante, et ceux qui jouissent pleinement de tous les droits civils, sauf les distinctions particulières établies par la société, et dont les nuances varient à l'infini. C'est donc un vagabond le malheureux qui, né dans la pauvreté, n'a pu recevoir une éducation, ni apprendre un métier, et est obligé d'errer dans sa patrie pour chercher à gagner son pain. Domestique à Paris, valet d'écurie à Lyon, décroteur à Marseille, une cessation de travail, un voyage, une maladie, venant épuiser ses faibles épargnes, le forceront à coucher en plain air, et tendre la main de porte en porte ! Voilà donc cette philanthopie du jour prodiguant l'insulte, plaçant dans une catégorie odieuse les infortunés qui ne devraient qu'inspirer la commisération publique. Le scélérat gorgé de rapines n'est point un vagabond, c'est un citoyen estimable, il a de la considération.

On s'étonne après si chaque jour vient nous révéler des forfaits épouvantables, s'il y a des hommes qui préfèrent courir la chance de perdre la vie sur l'échafaud que de la traîner dans un état où ils se voient non seulement privés de toute participation aux biens de ce monde, mais encore du droit à la justice universelle.

Dans un gouvernement qui se dit paternel, tous les enfans de la grande famille doivent être utilisés. Je voudrais que les chambres se fissent produire un relevé exact : 1°. des hommes oisifs, sans état et sans moyens d'existence ; 2°. qui croupissent dans la mendicité ; 3°. gisant dans les hospices, et ceux employés à les soigner ; 4°. gémissant dans les prisons ou chargés de les garder. Je suis persuadé que cette nomenclature glacerait d'effroi l'être le plus stoïque ; surtout s'il réfléchit qu'elle grossira sans cesse. Elle deviendra telle que l'action de la justice finira par être impuissante ; le juge laissera tomber de sa main le glaive dont il est armé, à la vue de victimes incessamment offertes à ses coups. S'il advenait des troubles et que les conjurés ouvrissent les réceptacles où tant de criminels sont entassés, ce seraient autant de bêtes féroces fondant sur la société comme le vautour sur sa proie.

Avec les 150 millions que je me ferais bon de retrancher sur le budget de l'État, sans nuire au service (1), j'occuperais tous les désœuvrés du

_____

(1) Cette somme de 150 millions peut paraître exagérée ; cependant, je suis sûr que j'opérerais cette réduc-

royaume, j'instituerais des commissions dans
chaque chef-lieu de département, non pas de
ces commissions dont le nom seul fait frémir les
contribuables, mais des commissions gratuites,
composées d'hommes qui tiendraient en honneur de venir au secours de leurs compatriotes.
Les individus sans emploi et sans travail seraient

---

tion sans nuire au service. Le budget de l'État est vérita-
blement la bouteille à l'encre dans laquelle très peu de personnes voient clair. Toutes les années, le ministère présente un in-folio de chiffres qu'on ne lit guère, et où il
a soin de faire cadrer les totaux des recettes et dépenses
avec les pièces à l'appui, vérifiées par la cour des comp-
tes, pour la régularité des formes, mais qui ne préjuge
absolument rien quant à l'emploi des fonds; et il n'y a
pas un dixième des membres des deux Chambres qui
connaissent à fond le mécanisme financier du royaume,
et les diverses branches de la comptabilité. La majeure
partie de ceux qui, en ayant fait une étude particulière,
y ont acquis des notions certaines, est dévouée à l'autorité supérieure. Le restant, dispersé dans les deux oppositions, défend de son mieux les intérêts des contribuables, et la majorité oppose des raisons à leurs raisons,
des calculs à leurs calculs, tant qu'ils ne touchent que la
superficie des choses; mais sitôt qu'ils se hasardent à
mettre les doigts au fond de la plaie, un habile survient,
et, par des argumens spécieux, il embrouille la question: puis arrive immédiatement la clôture de la discussion.

classés suivant leur éducation, leurs facultés in-
tellectuelles, leurs services, leur âge et leurs
forces physiques. Cette mesure est principalement nécessaire au sortir d'une tourmente révolutionnaire qui a tout déplacé. Les uns seraient
employés sur-le-champ, ou aussitôt que des
places viendraient à vaquer : pour les autres, je
formerais des ateliers, j'en occuperais à creuser
des canaux, réparer les chemins, défricher des
terres, exploiter des mines. Les 150 millions
ainsi dépensés m'en rapporteraient le double ;
avant cinq ans, les hospices et les prisons, qui
s'alimentent des oisifs et des mendians, auraient
vu diminuer de moitié le nombre de leurs com-
mensaux, et finiraient par être déserts. Tout
homme sans fortune et sans moyens d'existence
serait parfaitement libre de refuser du travail ;
mais je le ferais surveiller de près, et s'il venait
à faillir, les tribunaux n'auraient aucune indulgence pour lui. On ne verrait plus les tribunaux
donner l'affligeant spectacle des faits que j'ai rap-
portés ; la société ne serait plus surchargée de
tant d'êtres parasites, qui souvent ensont la terreur et le fléau.

Revenons à mon sujet : outre que le recrutement volontaire ne blesse point le principe
d'humanité, en atteignant le pauvre dans le seul
bien qu'il possède, la liberté, il offre encore l'a-

vantage de n'amener sous les drapeaux que des
hommes ayant une vocation décidée pour la carrière des armes, ou que la nécessité force à s'y
dévouer. Quoique les règles de la discipline doivent toujours être exécutées, le chef aura moins
de répugnance à en appliquer la sévérité à l'individu qui aura contracté un engagement, dont
il a touché la prime, qu'à celui qui subit la rigueur de la loi. Arraché à ses douces affections,
ce dernier n'aspire qu'au moment de sortir de
ses chaînes, de revoir le toit paternel et celle
dont il devait faire sa compagne. Il ne s'attache
point à un état qu'il déteste, n'en remplit que
machinalement les devoirs, tout juste pour éviter
la punition.

La génération actuelle ayant été étourdie du
bruit des tambours, fatiguée du poids du mous-
quet, il serait possible que le recrutement volontaire ne fournît point la quantité de soldats
nécessaire à compléter le cadre de l'armée; mais
ce dégoût ne peut durer, et j'ai la persuasion
qu'à l'avenir il en produirait plus qu'il n'en faut.

✸✸✸✸✸✸✸✸✸✸✸✸✸✸✸✸✸✸✸✸✸✸✸✸✸✸✸✸✸✸✸✸✸✸✸

CHAPITRE HUITIÈME.

———◆———

La révolution française bouleversa l'Europe, la légitimité la perdra; elle a rouvert le cratère que l'usurpation avait fermé, et elle y sera ensevelie la première. Tous les fléaux qui affligent les deux mondes proviennent de la mauvaise politique adoptée au retour des Bourbons, et suivie avec une cruelle obstination. La conspiration du 20 mars, celles qui ont eu lieu jusqu'en 1821, les événemens dont nous sommes témoins, le, le désordre où sont les esprits, ne sauraient rien nous apprendre. Lancé dans une fausse route, on s'y est tellement enfoncé, qu'il sera impossible d'en sortir. A l'exemple de César, il faut désormais se couvrir la tête, et attendre le coup mortel. O malheureuse France!...s'écriait une auguste et innocente victime expirant sous un fer assassin!... Pourquoi attendre si tard pour y voir clair ?

Les nations du Nord possèdent encore en elles-mêmes des forces suffisantes pour se soutenir et

se préserver quelque temps de la contagion du
mal dont celles du Midi sont agitées ; mais plus
tôt ou plus tard elles en subiront la fatale influence. Je m'étonne que le cabinet de Vienne,
ordinairement si bien avisé, demeure indifférent
sur ce qui se passe dans la Péninsule. D'où lui
vient tant de sécurité ? Je conçois que notre ministère ne s'aperçoive point de la conspiration
flagrante qui vise à renverser les dynasties bour-
bonniennes ; mais celui de Vienne a de meilleurs
yeux. Se repose-t-il, à cet égard, sur la garantie
qu'il tient en son pouvoir ? Fatigué de voir éter-
nellement le sort de l'Allemagne compromis par
nos sottises, se flatte-t-il qu'un grand changement
mettra un terme à ses perplexités, et extirpera
les germes révolutionnaires qui menacent de l'en-
vahir ? L'usurpation a, il est vrai, des moyens
de défense contre cet ennemi caché qui lui sont
propres ; par un seul mouvement de son énergie,
elle détruirait le mal fait à la monarchie par
M. de Villèle et ses prédécesseurs ; avec une note
diplomatique, elle arrêterait la politique d'un
cabinet qui se fait un jeu de troubler les empires ; par un simple décret, elle remettrait à leur
place les Boyer, les Bolivar et consorts, puissances invincibles pour quiconque tremble devant elles, et qui disparaissent au moindre signe
d'une volonté ferme.

Nul ne semble plus douter du danger que je signale : des écrivains habiles se sont exercés long-temps à prédire aux Bourbons le sort des Stuarts, afin de les égarer dans la voie de perdition et de familiariser le peuple à cette idée; à présent, on tâche de nous rassurer sur les conséquences. Tranquillisez-vous, insinue-t-on, ce n'est rien; il ne s'agit que du déplacement de quelques personnes. Dans le monde, on commence à dire, sans mystère, qu'une révolution ne peut finir autrement; que l'Angleterre n'a pris son essor vers la prospérité dont elle jouit, qu'après en avoir usé de la sorte. On se fait illusion, ou l'on veut nous tromper; la légitimité peut, j'en conviens, être facilement abattue; mais les suites en seraient terribles. Et par qui, d'ailleurs, voudrait-on remplacer l'auguste race qui depuis mille ans règne sur la France? Où trouver une famille qui réunisse à elle seule tant d'illustration, de vertus, de titres à notre affection; dont l'élévation blesse moins d'amours-propres, dont l'autorité soit plus douce, les intentions plus généreuses? Ses conseillers sacrifient la France à leur ambition; eh bien, ne leur laissons pas de repos; que tous les bons citoyens unissent leurs efforts, et les forcent à abdiquer un pouvoir dont ils abusent : il dépend encore de nous d'être le peuple le plus heureux de la terre.

Cependant, il ne faut pas se le dissimuler, nous marchons vers la catastrophe avec une rapidité effrayante. Privée de ses appuis extérieurs, la légitimité sera vaincue aussitôt qu'elle sera ouvertement attaquée. Eh! où trouverait-elle, au moment du combat, ce dévouement sublime qui fait braver tous les périls? On a éteint l'énergie; on a effectivement réprimé ce zèle trop ardent. On a voulu que de ce zèle froid, qui voit passer la monarchie sans s'émouvoir; on en aura. Déjà le royaliste, suivant l'acception attachée à cette qualification, est une exception dans la société; il est l'objet d'une secrète animadversion qu'on déguise avec peine : l'autorité le déteste cordialement; un reste de pudeur empêche seul de le persécuter. Dans le commerce, l'industrie, si quelqu'un osait s'avouer royaliste, il perdrait incontinent son crédit; dans les arts, la littérature, on ne se fait un nom, on ne gagne de l'argent qu'en professant des principes anti-monarchiques et religieux : l'ouvrage le mieux pensé, le mieux écrit aura très peu de lecteurs; les frais d'impression resteront à la charge de l'auteur; s'il ne sacrifie à l'idole du jour : l'athéisme et l'illégitimité. Le parti royaliste est à jamais dissous : la mort moissonne chaque jour les membres de ses antiques phalanges, et ils ne sont point remplacés; la nature n'en fait plus, on y a mis bon ordre. On se berce vainement de l'idée qu'au moment du danger une réconciliation s'opérera entr'eux et ceux que l'avarice a jetés dans les rangs des ministériels. Cela pourrait se voir isolément; mais très certainement les masses ne s'armeraient pas de nouveau pour défendre la fortune de ceux qui les ont indignement conspués dans la prospérité. Elles croiraient voir dans leur châtiment la main d'un Dieu vengeur s'appesantir sur les sacriléges qui foulèrent aux pieds tous les préceptes de justice et d'humanité. Que le gouvernement fasse en sorte que le talent trouve profit et gloire en proclamant de saines doctrines, au lieu de repousser le dévouement à la royauté; qu'il s'occupe à le découvrir partout où il existe, et le récompense magnifiquement; non, s'il veut, pour l'individu qui en a fait preuve, mais pour l'exemple : la jalousie pourra d'abord l'en blâmer; puis elle se dira : ces gens-là paient largement les services, attachons-nous à eux; et la jeunesse, qui brûle du désir de s'élever, de se créer un sort brillant, s'efforcera d'en mériter la bienveillance.

Toute la science d'un gouvernement consiste à baser l'intérêt des hommes sur l'accomplissement de leurs devoirs. L'intérêt est l'âme de l'univers; tout vit, tout s'émeut par lui : dire qu'un homme est intéressé, c'est constater qu'il existe,

qu'il sent. Loin de nier un sentiment que la nature a imprimé dans tout notre être, il faut hautement l'avouer. Le législateur consacrant sa
veillée à combiner des lois propres à assurer le
bonheur de ses concitoyens, est mû par l'intérêt
de la gloire et l'envie d'immortaliser son nom.
Le guerrier bravant les périls, fait le généreux
abandon de sa vie dans l'intérêt de mériter l'estime de ses camarades et l'admiration du monde.
Le vénérable saint Vincent-de-Paule, faisant abnégation de lui-même pour courir au secours
des malheureux, satisfait un besoin de son noble
cœur, et ce besoin est pour lui un intérêt.

Pourquoi donc l'épithète d'homme intéressé
est-elle prise en mauvaise part? Parce que ce
sentiment agit sur nous et se manifeste de deux
manières différentes.

L'honnête homme lie toujours son intérêt à
ses devoirs, le pervers règle sur lui sa conduite
de tous les instants. Or, nous nous sentons généralement assez peu de vertu pour supposer qu'on
entend nous appliquer l'épithète dans un sens
injurieux. La tâche du gouvernement est donc
de favoriser l'un et de vouer l'autre au mépris. Il
doit récompenser une belle action, mais ne jamais payer d'avance pour la faire : serait-elle
louable, les séducteurs et les séduits n'en seraient
pas moins de malhonnêtes gens, attendu que

le motif sordide qui les a déterminés a pu leur faire illusion sur son mérite et leur en ferait commettre une méchante, si l'occasion venait à s'en présenter. Rien de plus estimable que d'ambitionner le pouvoir dans l'intention de contribuer à la gloire et à la prospérité de sa patrie, si l'on n'emploie que des procédés avoués par l'honneur, et si, après l'avoir obtenu, on suit invariablement les principes qu'on avait professés auparavant. Sont-ils erronés? les gens de bien les combattent sans cesser de vous estimer, et le mal qu'on a pu faire est facile à réparer, tant que la nation n'a pas été corrompue par l'exemple d'une honteuse cupidité. Mais si, par pusillanimité, ignorance ou dépravation de cœur, une fois arrivés au pouvoir, vous reniez les doctrines et les hommes qui vous y ont portés ; vous vous servez des moyens mis à votre disposition pour accréditer l'erreur, encourager les vices et la félonie ; employez tour-à-tour l'astuce, la séduction, la violence, pour éteindre la vertu ; vous êtes les plus criminels des hommes, et l'on peut avec assurance prédire la ruine de l'Etat.

La famille des Stuart tomba, parce que la nature avait refusé aux derniers princes de cette illustre race, un caractère approprié au siècle où ils vivaient, cette force d'âme qui fait maîtriser les hommes et les événemens, ce coup-d'œil pé-

nétrant qui fait distinguer la situation où l'on se
trouve, juger s'il convient d'avancer, rester en
place ou reculer. Tout était changé, une agita-
tion désordonnée précipitait la nation vers une
ère nouvelle ; la famille régnante seule, conservant ses anciennes idées, ignorait ce qui se passait
autour d'elle, pensait arrêter le mouvement,
n'ayant à lui opposer que l'indécision de ses mesures et sa faiblesse de caractère. La faiblesse,
marque certaine d'un excellent naturel, est toujours fatale à l'homme qui en est atteint : elle
l'est beaucoup moins dans le particulier, en ce
que l'instinct du vice qui le domine le rend
défiant, et cette défiance le porte à éviter les
circonstances où il pourrait être victime. Tandis
que le prince ne peut s'y soustraire, il est con-
traint d'être constamment en présence des événemens, et s'il est dépourvu de cette force de
caractère qui sait leur donner une direction, il
en sera balloté en tous sens jusqu'à ce qu'il en
soit écrasé. Convaincues de cette disposition du
prince, la ruse et l'audace l'assiégeront sans
cesse, conspireront à s'emparer de son esprit, et
finiront par réussir. Le sort de la loyauté est
d'être toujours dupe de la fourberie, et pourtant
d'avoir un secret penchant pour les fourbes,
comme aussi d'avoir un secret éloignement pour
la loyauté chez les autres. Ces contrastes de la

nature se font remarquer partout. Voyez Bonaparte, élevé au sommet de la fortune par le principe de la souveraineté du peuple, et détestant
le peuple souverain ; enfant chéri de la révolution, abhorrant au fond du cœur les révolutionnaires, dont il se servait à regret ; usurpateur
du trône de ses rois, et courtisan obséquieux des
amis de la légitimité ; mettant peut-être autant
d'ardeur à s'attacher certains personnages dont
les talens et les nobles sentimens font l'admiration de l'Europe, que la légitimité en met à se
les éloigner.

Les gens de bien ne voulant point se compromettre dans une arène où ils devraient faire as-
saut de bassesses et d'infamie, se tiendront à
l'écart, ou s'imposeront silence. Débarrassés des
obstacles qui les gênaient, la ruse et l'audace ne
mettront plus de bornes à leurs passions, tendront
la main au crime pour faire la guerre à la vertu ;
et chaque fois que le malheureux prince prendra
part à la lutte, il se déclarera en faveur du crime
qu'il redoute, contre la vertu qu'on lui aura appris à mépriser. Son caractère, si flexible pour
l'erreur, si prévenant envers la félonie, se roidi-
ra contre la raison, et repoussera la fidélité. De
terribles convulsions ébranleront le monde ; les
mugissemens du volcan creusé sous son trône
porteront la terreur dans l'âme de ses défenseurs;

lui, ne verra ni n'entendra rien : les avertissemens, les cris de détresse de ses amis l'irriteront, les applaudissemens, la joie féroce de ses ennemis le rassureront; il se félicitera, comme d'un triomphe, de sa résistance à empêcher le bien et à laisser faire le mal. Mais, hélas ! en politique les fautes ont leurs conséquences : le temps vient où la tempête amoncelée sur la tête de l'infortuné monarque éclate; lui, cependant, dont la conscience est pure, dont le seul reproche qu'il ait à se faire est de n'avoir pas connu les hommes, de les avoir trop jugés d'après lui, reste calme au milieu de l'orage; sa timidité disparaît à mesure que le danger approche : un combat avec le crime effrayait sa faiblesse ; il tremblait devant lui, quand d'un geste il pouvait l'écraser : maintenant il meurt en héros sous ses coups, et son âme angélique vole au séjour des bienheureux.

Les ministres anglais immolèrent la légitimité pour avoir voulu rester en place quand il fallait avancer ; les nôtres l'immoleront pour n'avoir pas compris qu'il fallait rétrograder. Ceci demande explication. J'ai dit qu'il est impossible à la France de se maintenir dans la position où elle est, ayant des causes de dépenses extrêmement disproportionnées à ses ressources. Cette vérité admise, il faut de deux choses l'une, ou détruire ces causes de dépenses, c'est-à-dire, réduire de moitié l'armée, la marine, le personnel de l'administration du royaume, le luxe; les arts, le commerce et l'industrie : entreprise que je ne me chargerai pas d'exécuter; ou aller chercher au dehors les moyens de pourvoir au déficit du dedans. Or, ce ne sera point des traités commerciaux faits de puissance à puissance qui nous les procureront. Nous en avons fait avec Haïti, demandez si les négocians qui y ont expédié leurs marchandises ont lieu d'être contens de leurs spéculations; nous venons d'en faire avec les républiques du sud de l'Amérique : dans peu on m'en dira des nouvelles. Ce qu'il nous faut, ce sont des consommateurs; pour en avoir, il faut qu'il ne se fabrique pas au-dessus du nécessaire, et pouvoir soutenir la concurrence avec nos rivaux. Comment la soutenir avec l'Angleterre qui à au-delà des mers deux cent millions de bras travaillant à son service, des richesses immenses, des procédés économiques de fabrication et de navigation qui nous sont inconnus ? Comment la soutenir avec des voisins qui paient beaucoup moins d'impôts, dont les fabricans et les ouvriers se nourrissent, s'entretiennent, s'amusent à beaucoup meilleur marché ? Cela me semble de toute impossibilité.

A l'époque où l'Angleterre prit son essor, elle avait tout à créer; des peuples vierges à exploiter s'offraient à son avidité. Que nous reste-t-il à créer en France ? Tout est parvenu à son dernier période. Nous voilà obligés d'employer nos faibles capitaux à jouer sur les effets publics, à construire des salles de spectacles, des passages magnifiques, autrement dit, d'accroître nos motifs de dépenses. Loin d'aller soumettre des peuples à travailler à notre profit, leur dicter des traités commerciaux en les tenant sous notre domination, nous affranchissons ceux qui y étaient. Notre situation est donc tout-à-fait différente, et nous procédons en sens inverse. Je ne suis point partisan du système colonial, étant persuadé que, pour être long-temps heureuse, une nation doit circonscrire ses besoins à ses ressources naturelles. Depuis un siècle et demi l'Angleterre court de prospérité en prospérité, elle ira de même encore un certain temps, puis, ses fabrications la tueront parce qu'elle a trop fabriqué ; comme Rome fut vaincue pour avoir trop vaincu ; comme des peuples d'Orient tombèrent dans le plus abject esclavage pour s'être trop occupés d'arts ; les débris de leurs monumens attestent, à l'homme réfléchi, qu'ils bâtirent trop et sur de trop grandes dimensions : avant d'élever un bel édifice on doit s'informer si on pourra l'étayer. Cependant la France est plus que jamais dans la nécessité de faire usage de ses colonies, sauf à les abandonner quand elle aura réorganisé son système d'économie politique intérieure. Faire volte-face en place, serait s'exposer à choir ; tourner autour du cercle tracé par nos hommes d'état, c'est se condamner à s'éteindre comme une lampe après qu'elle a consumé l'aliment qui entretenait son feu ; si toutefois le souffle d'une tempête révolutionnaire ne vient hâter le terme fatal.

De quelque manière que les états insurrectionnels d'Amérique se consolident, les monarchies légitimes et l'Europe en recevront le coup mortel. Si Bolivar usurpant l'autorité suprême parvient à pacifier ces anciennes possessions espagnoles, elles aspireront bientôt le numéraire, qui est aujourd'hui l'âme des états, et dont ils ressentent déjà les embarras de sa pénurie. On m'objectera que l'époque est encore éloignée où l'industrie américaine pourra nous être nuisible, sans réfléchir qu'à mesure que ces embarras deviendront plus sensibles en Europe, que la tranquillité et la confiance renaîtront dans l'autre hémisphère, grand nombre de nos manufacturiers iront s'y établir, et lui communiquer nos connaissances. S'enrichissant chaque jour de nos pertes, la prospérité de l'Amérique augmentera, en moindre proportion encore que la nôtre n'a en dégringolant. Si, comme cela est plus

probable , l'esprit révolutionnaire , que Bolivar
a propagé pour élever sa fortune , lui dispute
son usurpation , ou si lui conçoit la nécessité
d'en détourner les fléaux , en l'occupant à guer-
royer, il le reprendra dans les îles de l'Archipel
des Antilles , ainsi que chez son voisin l'empire
du Brésil. L'effervescence qui agitera ces contrées ne contribuera pas peu à exalter celle dont
nous éprouvons les effets ; et, en cas de revers ,
nos conspirateurs auront une retraite assurée
dans le Nouveau-Monde.

Sous quelque aspect que l'on envisage les conséquences de notre politique ministérielle , elles
seront les mêmes contre la stabilité de la famille
régnante et le repos de la France. Je n'accuse
point l'intention d'aucun des membres du conseil ; mais on doit convenir que leur imprévoyance
est incompréhensible , et leur entêtement bien
coupable.

✱✱✱✱✱✱✱✱✱✱✱✱✱✱✱✱✱✱✱✱✱✱✱✱✱✱✱✱✱✱✱✱✱

CHAPITRE NEUVIÈME.

LA première pensée des hommes réunis en société fut toujours de se donner une religion. Les législateurs sentirent que pour mettre un frein aux passions des peuples, et les soumettre à remplir les devoirs qui sont la condition de son existence en corps de nation, il fallait autre chose que des gendarmes, des cachots et des supplices.

Je ne chercherai point à préciser le bien et le mal résultant de cette prédilection que chacun accorde à la vérité des dogmes qu'il professe, à l'exclusion de ceux des autres ; mais je sens combien l'unité religieuse serait utile dans un royaume. Lorsque les esprits sont tournés vers la politique, de la différence des croyances religieuses naît la division dans les opinions politiques, et, en cas de troubles, l'on verra toujours les dissidens être opposés au gouvernement légitime. Ce dont nous avons été témoins en 1790, 1814 et 1815, se renouvellera dans toutes les circonstances semblables. Il existe donc un germe de trouble au cœur du royaume, qu'il serait urgent d'extirper, non par des mesures de rigueur, mais en favorisant par des dispositions législatives les membres de la communion dominante, obligeant ainsi la petite minorité à se fondre dans l'immense majorité.

L'Angleterre fait très bien, selon moi, en refusant d'admettre aux droits politiques les catholiques irlandais ; en remédiant à quelques inconvéniens présens, elle s'en préparerait de plus graves pour l'avenir. Je suis fâché de voir les royalistes s'accorder avec les libéraux sur la question de l'émancipation des catholiques irlandais ; ils demandent au gouvernement anglais une chose qu'ils refuseraient au nôtre si elle était à faire. A force de vouloir être religieux on devient exclusif. Nos adversaires font très bien en se montrant là pour, ici contre les catholiques. Pour nous, les principes doivent être invariables.

La marche des siècles, en apportant des changemens dans les mœurs d'une nation, altère aussi ses croyances sur les dogmes religieux, et affaiblit son respect pour les rites : c'est un malheur inévitable. Comme il n'est pas aussi facile de toucher à l'œuvre de Dieu qu'aux lois réglementaires de l'administration d'un état, les hommes qui ont de l'influence sur leurs concitoyens devraient être assez raisonnables pour couvrir d'un voile respectueux les imperfections que le temps a découvertes à leurs yeux, au lieu de se faire un cruel plaisir de les montrer à la multitude. L'ignorance où ils étaient sur les suites de leurs imprudences rend les philosophes du dix-huitième siècle moins coupables que leurs disciples.

Maintenant le mal est fait ; à quoi servirait de se faire illusion ? Il y a peu de foi religieuse en France, et elle ne s'y rétablira point par des lois, ordonnances ou mandemens ; la force n'y peut rien : attendons du temps les améliorations désirables. La religion catholique, apostolique et romaine n'a rien à craindre tant qu'il y aura des Bourbons sur le trône ; les attaques dirigées contr'elle ne sont qu'un prétexte pour arriver à frapper au cœur de la royauté ; car ses fougueux ennemis s'en contenteraient fort bien si ses ministres prêchaient la révolte contre l'autorité légitime, laquelle est seule en danger ; et c'est pour sa défense que nous devons réunir tous nos efforts. Que le clergé pratique en paix la charité chrétienne, modère dans les jeunes ecclésiastiques un zèle louable sans doute, mais dont les conséquences ne répondraient point au but qu'ils se proposent. Les écrivains royalistes devraient, ce me semble, éviter les discussions théologiques ; d'après la disposition des esprits, la religion ne

peut rien y gagner : il leur suffira de démasquer
la mauvaise foi de leurs antagonistes. La tactique
de ceux-ci n'en impose à personne ; on est trom-
peur ou trompé, parce qu'on veut l'être : ce qu'il
y a de plus déplorable, c'est de voir des royalistes, et même des ministres du Roi, prêter la
main à leurs infernales machinations.

Des jésuites, rentrés en France bien avant la
restauration, remplissaient paisiblement leur
sainte mission, quand tout-à-coup on les re-
tire de l'oubli où ils vivaient, pour les transporter sur la scène de nos débats politiques. Par quels
actes authentiques ont-ils manifesté les intentions qu'on leur suppose? Ont-ils arboré l'étendard de la révolte contre les institutions qui
nous régissent et le prince qui les a jurées? Ont-
ils prêché la désobéissance aux lois, affiché des
prétentions ambitieuses? Rien de tout cela : ils
se livrent à implorer sur nous la miséricorde de
Dieu, à secourir les malheureux, à élever dans
les principes religieux et monarchiques, les enfans dont les pères veulent bien leur confier l'é-
ducation. Voilà par quels moyens ils conspirent,
non à détruire l'autel et le trône, mais le génie
révolutionnaire.

A l'époque de l'émancipation de Saint-Domingue, que cette guerre contre la religion et le
prêtre a commencée, M. de Villèle se lia clandes-

tinement avec les chefs du parti libéral, ainsi
qu'il en avait agi avec M. Decazes, lorsqu'il n'é-
tait encore que député : le jour, il simulait de
l'opposition à la Chambre ; la nuit, il concertait
avec le ministre les moyens de paralyser les efforts
des amis fidèles de la royauté. Beaucoup de pensions et de faveurs furent secrètement distribuées aux personnes influentes de la secte libérale,
et ses écrivains reçurent l'injonction de changer
désormais le point d'attaque. La religion, alliée
naturelle de la légitimité, fut offerte en holo-
causte ; et les jésuites, premières victimes des
philosophes du dix-huitième siècle, sont aujour-
d'hui la sentinelle avancée qui doit être immolée
pour éclairer la marche triomphale de l'armée
désorganisatrice. Depuis lors, M. de Villèle, loué
par eux en particulier, n'a été attaqué ouvertement que pour la forme. On le gourmande dou-
cement d'aller trop lentement dans la voie qu'ils
lui ont tracée ; on le plaint d'être circonvenu par
le jésuitisme et forcé de se soumettre à ses exigences ; enfin, c'est une victime plus digne de
pitié que de blâme. M. de Villèle victime ! Vous
nous la donnez bonne, Messieurs ! Cependant le
rusé Gascon rit sous cape de l'espièglerie, et doit
se féliciter tout bas d'avoir exposé l'autel et le
trône au feu roulant des batteries ennemies pour
sauver son portefeuille.

8..

Comme corporation religieuse, il n'y a point de
jésuites en France : les prêtres réunis à St.-Acheul
et à Montrouge peuvent en avoir le titre et
le caractère à Rome ou à Madrid, chez nous ils
ne sont que des citoyens isolés; en cette qualité,
il leur est loisible de se livrer à la profession qui
leur convient, ou d'exercer les fonctions de leur
saint ministère sous la juridiction des évêques.

Une agrégation quelconque de plusieurs individus, non prohibée par la Charte, rentre dans
la classe de tout ce qui en reçoit une existence
légale. S'il arrive qu'un établissement public ou
particulier renferme dans l'ensemble de sa composition, ou des doctrines qui y sont professées,
des élémens capables de menacer la sûreté de
l'État, l'administration doit immédiatement les
réprimer ou les dissoudre : si elle ne le fait pas,
elle seule est coupable. Mais, dira-t-on, elle n'en
a pas le pouvoir puisqu'elle se trouve sous la domination des jésuites et des congrégations. Ce sont
donc les jésuites et les congrégations qui ont poussé M. de Villèle à émanciper Haïti, à tendre la
main aux révoltés de l'Amérique, à aider la révolution du Portugal, à forcer Ferdinand VII de l'or-
ganiser en Espagne? En ce cas, je défie le plus
déterminé des révolutionnaires d'être plus anti-
monarchiste que les jésuites et les congréganistes.

Aujourd'hui on n'obtient de l'influence, on

ne se fait des prosélytes que par la séduction, la crainte, ou en offrant la perspective d'acquérir l'objet de notre convoitise; pour cela, il faut ou avoir de l'argent et des armées à sa disposition, ou provoquer des bouleversemens. Or, les ministres de la religion prêchent l'union et la paix, n'ont ni richesses ni soldats à leur commandement; le pape, qui jadis par une simple bulle déposait les souverains, de nos jours un despote peut le faire enlever du milieu de sa capitale, lui faire parcourir trois cents lieues de pays, sans que nul s'arme en sa faveur, et n'inspirera sur son passage que cette compassion qui s'attache aux illustres infortunés.

Les jésuites, d'après le dire de leurs ennemis, auraient été expulsés de plusieurs Etats; c'est peut-être leur plus bel éloge, si l'on considère tout ce qui a eu lieu depuis qu'ils sont en butte à ces persécutions. Quant à leur renvoi de Russie, le gouvernement de ce pays a seul des reproches à se faire pour avoir admis à l'éducation de la jeunesse des prêtres d'une communion opposée à la sienne. La prétendue conspiration qu'ils auraient organisée dans l'armée, est une invention parfaitement ridicule. De tous ces faits ressort une vérité bien palpable, et qui rassurera les bonnes âmes sur la puissance vraiment monstrueuse dont on gratifie cette illustre société: c'est

qu'elle a pu être chassée de tant de pays sans
qu'il en coûtât jamais un cheveu de la tête à personne. Il y avait environ trois cents ans qu'elle
était en France ; elle était parvenue à diriger la
conscience des princes, à exercer beaucoup d'influence auprès des grands du royaume , et on l'a
détruite sans avoir eu recours au déploiement
des moyens coërcitifs dont on fait usage pour
étouffer une sédition de collége ou de théâtre.
Il faut donc ou qu'elle soit bien soumise à la
puissance temporelle, ou qu'elle soit bien faible,
car le propre de la force n'est pas de se laisser
opprimer : je connais un proverbe qui dit que
la fourmi mordrait le pied qui va l'écraser, si
elle le pouvait. Comment, sous un gouvernement
représentatif, et avec un million d'hommes armés
pour faire exécuter les lois, quelques centaines
d'individus pourraient-ils les éluder impunément ? Il y a par trop de bonhomie à discuter sérieusement sur les craintes chimériques que
des fourbes ou des sots voudraient nous inspirer.
Cependant des hommes d'État ne dédaignent
pas de s'en mêler. Cela me confirme dans l'opinion que le ministère a provoqué cette guerre de
religion. Essayons de justifier mon assertion.
Pourquoi M. l'évêque d'Hermopolis serait-il venu
sans motif nous révéler l'existence des jésuites et
des congrégations, que les amis de la tranquillité

publique avaient jusque-là cherché à soustraire
aux coups de leurs antagonistes? Était-ce dans
l'intention de leur être utile ou de leur nuire?
Les libéraux ne s'y sont pas mépris; et M. de
Montlosier appuie sa dénonciation de plusieurs
passages des discours de ce prélat. L'énigme de
cette intrigue est facile à expliquer. La question
du jésuitisme, que le ministère a soulevée afin
de couvrir les actes de son administration, et
empêcher que des hommes pieux et dévoués au
monarque ne prissent assez d'empire sur son esprit pour lui faire apercevoir l'abîme que ses
conseillers creusent sous lui, était à la veille de
manquer d'alimens; les meneurs du ministère
s'en étant alarmés, donnèrent mission à M. l'é-
vêque d'Hermopolis de lui en fournir. A cette
fin, il vint complaisamment à la tribune de la
Chambre législative rallumer le scandale en faisant le dénombrement des jésuites en France, celui de leurs colléges et des élèves qu'ils y avaient;
constater également l'existence de la congré-
gation, sa composition, la qualité et le zèle de
ses membres; et pour qu'on ne fût pas indécis
sur ce qu'il en pensait, il déclara s'être obstiné-
ment refusé d'en faire partie. On sent qu'un
évêque, un ministre des affaires ecclésiastiques,
ne pouvait aller plus loin. Le libéralisme com-
prit cela, lui sut gré de ce qu'il venait de faire,

le félicita sur son courage, le cajola en l'enga-
geant toutefois de ne pas rester en si beau chemin : enfin, il fut au moment d'enlever la palme
au publiciste auvergnat, qui a eu aussi ses raisons pour faire ses dénonciations. En homme
habile, l'auteur des conférences sut éviter le
piége : il avait bien voulu céder aux instances
de ses collègues ; mais il resta ferme à celles
des libéraux, qui n'avaient d'autres dédomma-
gemens à lui offrir que des éloges et des litho-
graphies.

Cette petite facétie ministérielle ayant réussi
au Palais-Bourbon, on se décida à la transporter
au Luxembourg. M. Lainé, ancien avocat de
Bordeaux, et M. Pasquier, ex-préfet de police
sous l'empire, tous deux cordons du Saint-
Esprit et pairs de France ; de plus, créateurs
du système suivi, dévoués à la vie et à la mort
aux ministres actuels, quoique ambitionnant en
secret leur place, se chargèrent de l'attaque
contre les jésuites et les congrégations, choses
peu importantes en elles-mêmes, puisque le premier crut indigne de lui de s'en occuper pendant
sa gestion ministérielle ; mais qui, au besoin,
servent à faire une utile diversion. M. l'évêque
d'Hermopolis soutient la défense, qui était aussi
une attaque. L'affaire se passa à merveille ; les
athlètes se comportèrent en hommes véritable-

ment experts en ces matières ; ils se renvoyèrent à toi à moi les demandes et les réponses. La discussion finie, l'adroit Toulousain s'enfuit, emportant son budget sous le bras, et se disant de par soi, voilà de quoi avoir des amis...... quand même !

La France dut être très édifiée de savoir qu'il n'y a pas une obole à déduire sur le budget d'un milliard de contributions qu'elle paie, ni le mot à redire sur sa politique extérieure, ni sur son administration intérieure ; excepté le jésuitisme et le congréganisme, tout va le mieux du monde chez nous. C'est apparemment pour calmer les terreurs que ces deux *fléaux* inspirent à M. Lainé, et encourager sa persévérence à signaler ainsi les plaies de la patrie, que M. de Villèle le nomma membre d'une commission, place à laquelle est attachée une babiole de douze mille francs d'appointemens : c'est toujours ça. M. Pasquier, que je sache, n'a rien eu ; mais son frère a été fait directeur de la caisse de consignation : il n'y a rien de perdu.

CHAPITRE DIXIÈME.

Lorsque je prophétisai que la république d'Haïti ne remplirait point ses engagemens, tant pour la clause stipulée en faveur de notre commerce que pour les cent cinquante millions d'indemnité accordés aux colons, je ne m'attendais pas à voir ma prédiction sitôt vérifiée. Je me figurais que les auteurs de cette intrigue la fileraient avec assez d'adresse pour que la péripétie arrivât tout naturellement. Je me vois réduit à confesser, en toute humilité, m'être trompé. Aussi ces diables de révolutionnaires vont si vite en besogne qu'on en est toujours devancé : on aurait beau vouloir charger tant soit peu le tableau, ces gens-là vous prouveront encore que vous n'avez qu'une imagination froide, paresseuse. Nous n'avons guère que M. de Villèle en état de marcher avec eux ; néanmoins voyez comme ils vous le tancent sur ce qu'ils appellent sa lenteur ! Imprudens ! il connaît mieux vos intérêts que vous, qui, la moitié du temps, gâtez tout par votre précipitation. Vous

n'avez pas été plus justes envers ce gentil M. Decazes ; il allait pourtant bon train, dieu merci !
Dites la vérité, une fois dans la vie : n'est-il pas
vrai que sans l'*inconséquent* Louvel, trois mois
plus tard l'affaire était faite ? Il mit trop tôt le
feu à l'amorce, et le coup ne porta qu'en partie ;
vous fûtes obligés de travailler sur nouveaux frais.
Maintenant que vous êtes remis en bon chemin,
modérez votre ardeur ; laissez faire à votre gra-
cieux M. de Villèle, aidé de ses chers collègues
et ses dignes amis ; il vous mûrira le fruit,
vous n'aurez plus qu'à y toucher pour le faire
choir. Il est vrai que des méchans, envieux de
vos succès, cherchent à lui jeter des bâtons dans
les jambes ; mais soyez tranquilles : que peuvent
désormais deux ou trois journaux, escortés d'un
petit nombre de tirailleurs, contre vos phalanges
unies aux troupes ministérielles ? Du courage,
tout ira bien.

A l'égard de la clause qui réduit de moitié les
droits d'entrées dans les ports d'Haïti pour les
marchandises françaises, il y a déjà long-temps
qu'elle est considérée comme non-avenue. Pour
les 150 millions d'indemnité, on est convenu
de les raccourcir des quatre cinquièmes seulement. Du moins nous toucherons 30 millions,
disent les malheureux colons ! C'est très possible, Messieurs, c'est très possible. Cependant,

si vous vouliez observer qu'il y a encore du Villèle dans l'affaire de l'emprunt des 24 millions,
vous trembleriez avec moi qu'il en soit de ce
cinquième comme du reste.

Pour justifier ma défiance, rappelons ce qui
a eu lieu au sujet de cet emprunt. Une compa-
gnie, en tête de laquelle étaient MM. Ternaux
et Casimir Perrier, ayant fait des offres plus
que raisonnables, se trouva néanmoins fort au-
dessous des prétentions des commissaires républicains, et dès le lendemain nous apprîmes que
le marché avait été conclu avec la société bro-
cantrice, associée du ministre des finances.
Pense-t-on que ces commissaires ignorassent le
cours de la place et se fissent illusion sur le crédit de leur pays, au point de croire qu'on leur
prêterait de l'argent à 96? Cela n'est nullement
probable. Il y a là-dessous une nouvelle intrigue. M. de Villèle étant parfaitement convaincu
qu'Haïti ne payerait point, et voulant s'épargner
le ressentiment des capitalistes libéraux qui se
présentaient de bonne foi pour traiter, fit élever
les conditions de l'emprunt à un taux tellement
exagéré, qu'il fut impossible à des particuliers
de l'accepter, et le fit prendre par ses associés,
avec l'espoir de les affranchir du paiement. Aujourd'hui, ces 24 millions sont représentés à la
caisse de consignation, en un morceau de papier;

se métamorphosera-t-il en beaux écus comptant pour passer dans la poche des colons? C'est ce qu'il faudra voir. En tout cas, cet argent n'arrivera pas plus d'Haïti que les cinq millions en quadruples fortes qu'on nous a annoncés dernièrement; ou si les commissaires haïtiens les ont réellement apportés, c'est que M. de Villèle, ayant besoin de faire figurer cette somme pour solder les appointemens de ses amis de la commission d'indemnité, la leur aura envoyée en lettres-de-change sur Londres. Une autre fois j'indiquerai en détail où ce ministre puise les fonds dont il dispose arbitrairement.

Comment supposer que Boyer en étant aux expédiens pour se procurer des fonds nécessaires au service ntérieur de sa république; lui, qu'on a vu naguère solliciter auprès des banquiers anglais un prêt de 200,000 piastres, allât se défaire de cinq millions qu'il aurait, quand cette somme, tout énorme qu'elle soit, relativement à la faiblesse de ses ressources, ne peut le soustraire à l'obligation de manquer à ses engagemens, ni conséquemment lui éviter une rupture avec la France, si toutefois il pouvait la craindre? Un usurpateur ne commet pas de pareilles balourdises; loin de se priver des moyens qu'il a de soutenir une guerre, il a le talent de s'en créer. Disons le mot, Boyer n'a point envoyé les cinq mil-

lions en question, il n'enverra jamais un centime :
de plus, il a la certitude de ne pas être inquiété.
La feuille royaliste qui a instruit le public d'un
bénéfice qu'aurait fait une maison de banque sur
le change de la monnaie d'or venue d'Haïti,
pourrait bien, à son insu, avoir servi de trom-
pette au ministère. Les quadruples désignés sous
le nom de *perruques*, sont extrêmement rares ;
sur plusieurs centaines de pièces de cette monnaie, à peine en trouverait-on une. Or, est-il
croyable que le gouvernement d'Haïti ait pu en
amasser une aussi grande quantité, et même sans
en connaître la valeur? Les précautions qu'on
a prises pour faire croire à l'arrivée de cette
somme, me font précisément croire le contraire.

Le temps nous apprendra le contenu des notes
secrètes dont M. de Makau était porteur; nous
savons positivement que Boyer n'accepta l'ordonnance royale qu'après les explications qui lui
furent données ; et, en raisonnant par hypothèse
sur ce que nous voyons, les explications de ces
notes peuvent se traduire ainsi : Notre sublime
visir s'étant fourvoyé dans une malencontreuse
loi de conversion, les révolutionnaires de France
lui ont promis protection, s'il veut leur donner
des garanties pour sa conduite future, en sanc-
tionnant une révolution; à cet effet, la marine
du roi légitime a traversé les mers, portant l'acte

de votre émancipation républicaine : daignez l'agréer sans vous arrêter aux clauses qu'elle renferme; c'est une ruse de guerre qu'il a fallu employer pour jeter de la poudre aux yeux des sots, et fermer la bouche à quelques esprits de travers qui s'obstinent à ne pas admirer les savantes conceptions du grand homme qui préside à nos destinées. Il saura bien, lui, vous dégager des obligations que vous paraissez contracter; ces tours-là sont jeu d'enfans pour lui. Pensez vous que d'un économat d'une habitation de l'Ile-Bourbon, il soit venu se loger dans son hôtel, rue de Rivoli, sans posséder quelque savoir-faire? Signez donc, et allons rendre action de grâces aux dieux infernaux, protecteurs du meurtre et du pillage, pour une mesure si digne d'eux. Tel a dû être, en substance, le contenu des notes explicatives.

Toutes les fautes imaginables se trouvent réunies dans la reconnaissance de Saint-Domingue : violation des principes de la légitimité et de la propriété, abandon de nos plus chers intérêts, oubli de la dignité nationale.

On croit peut-être que M. de Villèle, éclairé enfin par une infinité de défaites, rentrera dans la voie du salut, ou laissera à d'autres le soin de réparer ses bévues! On connaît mal l'homme, il n'abandonne pas si facilement la partie; il va prendre sa revanche avec les républiques du sud de l'Amérique, et il aura toujours des collègues pour l'aider, des écrivains pour le louer, des majorités pour le soutenir. Il n'a pas craint de présenter aux Chambres le projet de loi pour la répartition de la prétendue indemnité, au moment où il apprenait que le gouvernement d'Haïti refusait de souscrire à une des conditions imposées par l'ordonnance du 17 avril. En admettant que mes conjectures sur sa connivence avec Boyer soient fausses, ce premier manque de foi aurait dû l'avertir de ce qu'il en serait de l'autre article du traité, et l'empêcher d'exposer nos grands pouvoirs de l'État à discuter gravement sur des objets illusoires.

A la Chambre des députés, le projet de loi sur la répartition des 150 millions, dont l'adoption emportait avec elle l'approbation de la reconnaissance, fut vivement combattu par l'opposition royaliste; le côté gauche, tout en applaudissant à l'ordonnance sur le fond, en blâma les formes, et laissa échapper quelques expressions qui décélaient leur indignation sur le rôle humiliant qu'on avait fait jouer à la France. Mais cette majorité compacte qui, suivant l'honorable M. Hyde de Neuville, décide à l'avance sur les lois présentées, et tient ainsi la Chambre sous sa tutelle, rendit les généreux efforts de l'opposition infructueux. Ce projet éprouva moins de résistance à celle des pairs : M. le rapporteur, ancien secrétaire particulier de Napoléon, auprès duquel il puisa pour la légitimité cet ardent amour qui le distingue, posa en principe que le Roi avait le droit de stipuler le démembrement de la France; principe erroné s'il en fut jamais. Nos rois n'ont jamais prétendu au droit que M. le rapporteur veut leur attribuer; ils ne l'ont pas; et s'ils l'avaient, dans leur propre intérêt, ils devraient s'en démettre. Soumis, ainsi que le reste des hommes, aux faiblesses et aux infirmités corporelles, des ministres ambitieux profiteraient de ces malheureuses dispositions d'un prince, pour décomposer pièce à pièce la monarchie; et, au bout de quelques règnes, le royaume de Louis-le-Grand pourrait être réduit à l'île Saint-Louis.

Comme chef de l'État, le Roi peut stipuler l'aliénation d'une partie du territoire, dans un moment d'impérieuse nécessité, sauf à soumettre ensuite le traité à l'acceptation des Chambres, sans cesser néanmoins d'être obligatoire envers la puissance en faveur de laquelle il eût été souscrit. Les ministres répondraient de leur vie et de leur fortune du préjudice que leurs passions ou leur inexpérience auraient pu occasionner à la patrie. Confondre ces cas d'impérieuse nécessité, tels que ceux de terminer une guerre désastreuse, ou de délivrer le pays de la présence d'une armée ennemie, avec celui où l'on jouit d'une paix profonde, c'est vouloir assimiler la nuit au jour. C'est pourtant sur une telle confusion que nos majorités parlementaires ont motivé leur adhésion à la loi précitée. Elle fut généralement discutée d'après l'esprit qui avait dirigé la commission, et défendue par des argumens mille fois victorieusement réfutés. Un noble pair assura que les nègres se seraient fait tuer jusqu'au dernier, plutôt que de redevenir sujets du Roi de France : compliment dont Sa Majesté a dû être bien flattée ; et cette préférence des nègres pour le mulâtre qu'ils ont vu leur égal, est tout-à-fait dans la nature. Un autre invoqua l'humanité pour légitimer le meurtre et le pillage. On fait les révolutions au nom de l'humanité, et c'est encore en son nom qu'on les sanctionne ; d'où on doit conclure qu'il n'y a rien au monde de si humain que les révolutions.

Nous autres bonnes gens, qui n'entendons goutte à la politique, surtout à celle du jour, avions cru que, pour des hommes d'État, l'humanité consistait à empêcher le retour de ces grandes commotions qui, après avoir fait répandre des torrens de sang, replongent les nations dans l'esclavage et la barbarie ; que l'unique moyen d'y parvenir était de proscrire les

principes qui les produisent, afin que les factieux, sentant l'inutilité de leurs entreprises, re-
nonçassent à l'envie de les mettre à exécution.
Dès-lors, cette humanité réclamée en faveur de
quelques coupables, aurait à s'applaudir d'avoir
épargné des millions d'innocentes victimes. Ils
seraient donc inhumains les juges qui condam-
nent les assassins? S'ils les punissent, c'est moins
pour venger le crime consommé que pour en
prévenir la récidive par des exemples frappans.
Notre Code pénal ne met pas non plus de pres-
cription aux crimes commis, ainsi que des législateurs philanthropes l'ont prononcé pour ceux
dont les nègres se sont rendus coupables.

Enhardi par de si étranges doctrines, M. le
ministre des affaires étrangères, qu'on pourrait
soupçonner d'être étranger aux affaires, recouvra
la parole pour défendre son budget : c'était le
cas, ou jamais. Suivant la tactique à l'usage des
écrivains et des orateurs qui veulent embrouiller
les questions les plus simples dans un tas de
phrases oiseuses, il parla longuement sur des
objets secondaires et susceptibles de controverse,
afin d'éluder, ou glisser légèrement sur ceux qui
intéressent la nation. Arrivant à l'émancipation
de Saint-Domingue, il ne vit dans les écrivains
royalistes qui l'ont désapprouvée, que des ambitieux passionnés, et les assimila aux farouches

9··

républicains du Cap, qui saisirent cette occasion
pour se révolter contre Boyer. De ce singulier
rapprochement, on doit présumer, qu'il nous
gratifia de l'épithète de passionés, pour nous
épargner celle de factieux. Nous lui savons gré
de sa politesse; on n'a point habitué les fidèles à
tant de douceurs. Sous la république, les gouvernans étaient moins scrupuleux sur les formes; ils qualifiaient crûment de brigands leurs
adversaires de Coblentz et de la Vendée.

M. le baron de Damas est né sous une heureuse étoile; il cumule les bénéfices de sa place
avec une réputation de probité et de royalisme
qui traversera tous les âges. Je ne lui dispute
point ces titres, mais je crois qu'on ferait mieux
de lui faire entendre qu'en prêtant l'autorité
d'un nom sans tache aux actes de ses collègues,
il fait un mal incalculable à la royauté. Je sais
que le dévouement, n'est guère récompensé;
mais enfin, n'est-ce rien que l'approbation d'un
petit nombre d'honnêtes gens, et l'estime de
soi-même? Il serait aussi à souhaiter que ses
écrivains, qu'on ne confondra jamais avec ceux
de M. de Villèle, se ressouvinssent des doctrines
qu'ils ont si solennellement professées.

Un des nobles pairs, admirateur de la reconnaissance d'Haïti, avoua que l'intrigue peut entrer dans le conseil du prince, « mais l'opinion

publique, dit-il, n'élèverait pas en vain sa voix
accusatrice pour empêcher la ratification d'un
traité contraire à l'indépendance et à l'honneur
du pays. » Eh bien ! la voix de l'opinion publique royaliste s'est élevée de toutes parts ; elle n'a
rien empêché, pas même le discours du noble
pair, qu'elle aurait désiré n'avoir pas entendu.
Est-ce par hasard qu'il prendrait pour règle l'o-
pinion publique républicaine ? Cet orateur loua
principalement les ministres pour avoir imaginé
une forme d'émancipation *aussi noble qu'ingé-
nieuse.* Il y a aussi beaucoup de noblesse et d'in-
génuité dans cet éloge. Leurs Excellences y ont
été vivement sensibles (en fait de louanges, leur
goût n'est point blâsé), car, trois jours après,
elles le nommèrent membre de la commission
d'indemnité des colons, et l'on sait que ces sortes de fonctions ne sont pas gratuites. Si les ministres ne récompensent pas les services rendus
aux Bourbons, on conviendra qu'ils sont moins
négligens quand il s'agit de reconnaître ceux
qu'on leur rend personnellement. Ce procédé
est d'ailleurs fort équitable, si le mérite des
services gît dans la dose de courage qu'ils exigent.

Ils sont au nombre de six, les nobles pairs
qui ont été appelés à faire partie de cette commission : quelques jours auparavant neuf autres
avaient reçu une pension de douze mille francs.

De compte fait , ils se montent à la somme de quinze , les membres de la Chambre haute qui , au moment de la discussion des lois les plus importantes, ont reçu des pensions et des sinécures , parmi lesquels il en est qui touchent d'énormes émolumens sur le trésor de l'Etat, et possèdent en outre des fortunes immenses. De manière que les ministres ont la générosité d'offrir des pensions et des sinécures , des nobles pairs se résignent à les accepter ; et voilà , Messieurs , comment les affaires se traitent en France sous l'empire de la Charte.

L'année précédente, on avait parlé dans le public d'une copieuse distribution d'actions sur l'exploitation des mines du sel gemme ; nous verrons cette année de quoi il sera question. Au reste, il faut prendre gaîment son parti là-dessus. Un journal ministériel nous a déclaré que ses patrons n'ayant que l'alternative de choisir entre le despotisme ou la corruption parlementaire , s'étaient décidés pour ce dernier, attendu, dit-il, que le despotisme répugne au caractère noble et paternel de nos princes. Il aurait dû ajouter que la corruption ne répugne pas moins à leur caractère plein d'honneur et de loyauté, mais que le ministère l'a préférée , parce qu'elle s'exerce dans l'ombre et ne donne aucune prise légale aux accusations.

Pour se rendre compte de l'imprudente sortie
de l'organe ministériel, il faut se rappeler qu'à
cette époque on croyait que les majorités parlementaires allaient se dissoudre. Dans son aveu-
gle colère, il disait que les exigences des amis
du pouvoir étaient plus incommodes que les
coups de ses ennemis ; il les taxait d'appétits dévorans, de prôneurs à gage, de parasites cor-
rompus et sans conscience, qui tous usaient largement de la faculté de pressurer le pouvoir.
J'ignore combien coûtent ces appétits dévorans,
ces salariés, ces prôneurs à gage et ces parasites sans conscience ; mais, prix pour prix, j'esti-
merais autant que la caisse d'amortissement de
l'esprit public se chargeât de solder ces menues
dépenses : le scandale du moins serait tout profit pour la France.

Citons encore les Anglais, puisqu'on veut toujours les prendre pour modèles. Dans le parle-
ment d'Angleterre, à peine un sixième de ses
membres occupent des fonctions publiques, dont
une partie sont gratuites, les autres fort peu ré-
tribuées. Il n'est point rare de voir un particulier
se ruiner pour acheter l'honneur d'aller défendre
les intérêts de ses concitoyens ; et c'est un phénomène qu'un député obtienne des faveurs du
gouvernement, pendant la durée de son mandat.
Ainsi, la corruption mise en œuvre pour être

nommé à la législature, ayant une cause très noble, ne saurait avilir le séducteur ni pervertir la moralité du peuple qui s'en laisse séduire. En France, c'est le ministère qui fait les frais pour la nomination de ses candidats : sur quatre cent trente-deux députés, deux cent soixante remplissent des places dans l'ordre civil et militaire, toutes plus ou moins bien salariées. Les quatre cinquièmes des faveurs et des emplois qui se distribuent sont donnés aux membres des majorités des deux Chambres, ou à leur famille. On croit avoir répondu aux argumens qu'il est permis de faire à cet égard, en nous vantant la probité, l'honneur et la délicatesse des personnes, objets des bonnes grâces ministérielles. On sent qu'il est impossible de répliquer : la loi est là pour interdire toute controverse à ce sujet; de sorte que s'il y avait corruption, comme semble l'affirmer le journal dont je viens de parler, et comme on le dit dans le public, en y ajoutant des commentaires à faire frémir, on ne pourrait l'exprimer hautement; les lois faites ordinairement pour réprimer la forfaiture, serviraient ici à la protéger. On conçoit le vice d'un tel état de choses, ses conséquences sont immanquables.

Des plaintes générales s'élèvent de toutes parts contre la multiplicité, aux Chambres, d'hommes dépendans de ceux-là même dont ils sont appelés

à contrôler les actes. Si les motifs de probité,
d'honneur et de délicatesse pouvaient être va-
lables lorsqu'il s'agit de corriger une cause d'a-
bus, toute précaution deviendrait inutile aux
gouvernemens : les lois tendant à prévenir ou
à punir la fraude, la concussion et le crime, seraient autant d'injures faites à la société entière,
parce que tout individu qui n'est pas encore
atteint et convaincu de s'être rendu coupable,
aurait le droit de faire valoir ces motifs pour
décliner la nécessité de mesures préventives.

Dans le nombre des législateurs-fonction-
naires, il en est qui ont des emplois très subal-
ternes : il est naturel de penser qu'ils y tiennent,
et en ont besoin pour pourvoir à l'entretien de
leur famille. Comment voudrait-on qu'ils s'ex-
posassent à en être privés, en refusant leurs votes
aux ministres, tandis qu'en se dévouant à eux,
ils ont la certitude de monter en grade, et d'assurer un établissement avantageux à leurs enfans.
Mais quand ils auraient la ferme volonté de faire,
en toute circonstance, abnégation d'eux-mêmes
pour conserver leur indépendance, qui peut se
flatter que l'intérêt de sa position ne faussera
point son jugement? Écartez, tant qu'il vous
plaira, la conscience et l'intention du mal, il
vous restera toujours à suivre les règles qu'indique la prudence, sous peine de fournir matière

à suspecter votre loyauté et compromettre la chose publique.

Le Roi dispose librement de toutes les grâces, honneurs et emplois de l'État; cette doctrine est juste, parfaitement dans l'essence de l'autorité suprême; mais il est sous-entendu que ces biens, dont la nation lui confia le dépôt, serviront à récompenser les services rendus à sa personne et à la patrie, ainsi qu'à encourager tous les genres de talens et d'industries utiles, non point pour que ses agens, en les employant arbitrairement a satisfaire leurs vues ambitieuses, portent la gangrène dans toutes les veines du corps social. Une telle maxime ne saurait entrer dans la tête de nos ministres : en arrivant au pouvoir, ils se jettent sur ces biens du domaine public comme sur une proie, prennent ce qui est à leur convenance, et partagent le restant entre leur famille, parens et amis. La grammaire à l'usage de M. le président du conseil n'admet jamais que le pronom possessif : il dit *ma* chambre, *mon* argent, *mon* armée : tout est à lui! Il dispose de *ses* places, distinctions et faveurs, comme un jardinier dispose des figues de son figuier. Il s'est adjoint, pour faire les honneurs des fruits de *sa propriété*, un grand garçon qui le seconde merveilleusement; il est aussi fat, aussi absurde que lui. Ils haussent les épaules de pitié à la vue du solliciteur qui ne produit d'autres titres que ses services et son dévouement au Roi. De manière que pour avoir droit à la bienveillance du gouvernement des Bourbons, on doit bien se garder de les suivre dans le malheur, d'aller combattre sous les drapeaux des Condé ou des Cathelineau; il faut rester à Paris, attendant l'issue des événemens, ensuite étudier la faiblesse et les passions des ministres, avoir soin de ne leur dire que des douceurs, taxer leurs sottes conceptions d'œuvres du génie. On ne comprend pas assez tout ce qu'un pareil système a de funeste pour la légitimité, et combien il favorise les projets des factieux : si nous étions dans un temps ordinaire, il ne serait qu'injuste envers les individus qu'il atteint. Et qu'est-ce que la justice? Un mot vide de sens, qu'on ne prononce à tout propos que pour mieux se dispenser de pratiquer la chose. Mais, à l'époque où nous vivons, c'est très impolitique; on en fera la dure expérience.

Les plus opiniâtres détracteurs de M. de Villéle sont obligés de convenir qu'il a un rare talent pour tromper à cet égard la religion du monarque ; il frappe impitoyablement les pauvres royalistes qui ne sont pas en position de faire entendre leurs plaintes à Sa Majesté, ou ceux d'un rang élevé qu'il est parvenu à perdre dans

son esprit. Lorsque , parmi ceux ci , il s'en trouve qui lui sont opposés et que ses coups ne
peuvent atteindre, il les comble de faveurs, ou il
a l'air de les associer à la haute administration ,
dans des postes où ils ne sauraient traverser ses
desseins, ni nuire à son ambition. Par-là, il neu-
tralise leurs intentions hostiles , crainte d'être
accusés d'ingratitude , ou il s'en fait des appuis.
Ainsi , en désignant aux plus nobles fonctions
un nouveau chevalier sans peur et sans reproche, il se donne la faculté de pouvoir dire à son
maître : vous voyez combien je rends hommage
à la fidélité; en élevant au titre de membre du
conseil des plus illustres prélats dont l'église
s'honore, il se montre blanc comme neige sur les
attaques qu'il tolère, s'il ne fait que cela , contre
la religion et le clergé. Dans toutes les places
que l'on crée, ou qui viennent à vaquer , il a
soin de présenter à son acceptation des sujets
qui lui sont personnellement dévoués, sans être
ennemis de la légitimité; et qui la soutiendront
tant qu'elle n'exigera d'eux aucun sacrifice.

La situation de la France et la disposition des
esprits sont mal connues des grands. La fausse
idée qu'ils ont de leur puissance leur inspire une
funeste sécurité. Aussi long-temps que les lois
auront la force de contenir les masses dans l'obéissance, ils conserveront l'influence de la position

dont ils jouissent ; mais, du jour qu'elles seront
méconnues, ils ne seront plus que des individus
isolés, obligés de se compter et se mesurer un à
un avec le dernier des citoyens. Dans des pays
voisins, où il y a encore des préjugés, des croyances, des illusions, on peut voir, ainsi qu'on l'a
vu chez nous au commencement de la révolution, des gens du peuple s'attacher au sort des
castes privilégiées. Mais à mesure que le peuple
s'éclaire, un sentiment de fierté, joint à l'ingratitude dont on l'abreuve, et qui semble inhé-
rente aux grands, l'éloigne d'une cause où tout
est préjudice pour lui. Le mouvement royaliste
qui se manifeste dans la Péninsule se ralentira
aussi promptement que le parti contraire acquerra
de la consistance ; il pourra obtenir un moment de succès, mais il succombera infailliblement. Il succombera, 1°. parce que MM. Canning
et Villèle l'ont décidé ; 2°. parce que désormais
le parti des rois n'est plus en état de résister à
son adversaire, depuis douze ans, les rois eux-
mêmes s'étant appliqués à le ruiner. Ils l'ont
ruiné, 1°. en excluant du trône de ses aïeux le
magnanime soutien des rois légitimes, Gustave-
Adolphe, tandis qu'un des plus énergiques républicains que notre révolution ait produits, règne
paisiblement à Stockholm ; 2°. en faisant régner
par la grâce de leur volonté souveraine, les Boyer,

Bolivar, consorts et complices, à Saint-Domingue
et en Amérique; 3º. en France, qui donne partout l'impulsion, en comblant de faveurs et de
richesses des hommes dont la haine pour les rois
avait fait leur fortune et leur élévation, et lais-
sant végéter dans une affreuse misère, aller mourir à l'hôpital, quand toutefois ils ne meurent
pas de faim au milieu d'une rue, ou qu'ils ne se
brûlent pas la cervelle, uné grande partie de
ceux qui se sacrifièrent pour eux; 4º. enfin,
M. le marquis de Chaves (1), dans sa proclama-
tion à ses soldats, tend encore à le ruiner en
leur disant qu'il ne déposera les armes que lorsqu'il les aura ramenés au sein de leur famille : il
fallait leur promettre quelque chose de plus. Les
soldats ont toujours la faculté de rentrer au sein
de leur famille : les révolutionnaires ne faisant
pas la guerre aux haillons et aux chaumières,
ne manquent jamais de leur accorder des am-
nisties; ainsi, ce n'est guère la peine qu'ils ail-

_____

(1) Je n'entends point adresser un reproche direct à
ce brave général, mais aux chefs de ce parti de tous les
pays. La noblesse vendéenne mérite une exception; elle
a toujours traité ses compagnons d'armes en amis : elle
eut la bonne politique de nommer Cathelineau généralissime. Voilà ce qu'on peut appeler des honnêtes gens,
et de véritables royalistes.

lent se faire écorcher. Je suis persuadé que les gouvernans de Lisbonne offrent une meilleure perspective à leurs défenseurs. Les mots honneur, patrie, religion, légitimité, principes, doctrines, sont des choses vraies, positives; tout le monde en connaît la valeur, en sent la nécessité; néanmoins, tout le monde en intervertira le sens, en éludera les devoirs, si l'on ne sait les lier au sentiment inné au cœur de l'homme, l'intérêt. Sortez de cette vérité, vous tomberez dans des abstractions métaphysiques, bonnes à être prêchées dans le royaume où les habitans se nourrissent et s'entretiennent de chimères. Dieu a établi des récompenses pour les bons et des peines pour les méchans: agir différemment, c'est imiter Lucifer. La cause des rois et des grands déclinera sans cesse ; chaque fois que la guerre éclatera entr'eux et des factieux qui s'appuyeront sur les passions populaires, l'issue ne sera pas douteuse. On trouverait une preuve de mon assertion si l'on observait attentivement ce qui a eu lieu au 20 mars 1815, comparativement aux premières époques de notre révolution; et je dirai vrai en affirmant que si une pareille circonstance venait à se renouveler, le peuple ne s'armerait plus pour la cause des grands, parce qu'ils n'en ont pas su faire une cause d'intérêt général.

La disposition toute pacifique de la masse

inerte de la nation, laquelle est toujours con-
damnée à être spectatrice indifférente des événemens, et soumise à la loi des vainqueurs, quel
qu'ils soient, contribue à entretenir la fausse sécurité des hommes à courtes vues. L'observateur
judicieux comprend que ce n'est point sur elle
qu'on doit fonder ses motifs de craintes ou de
sécurité, ni sur elle qu'on doit calculer sa force
et ses moyens de résistance ; mais bien sur la
partie active de la nation à laquelle, en cas de
troubles politiques, s'unissent les ambitieux, les
mécontens, les pervers et les nécessiteux.

Aujourd'hui, chacun, dans son idée, croit être
l'égal d'un autre ; le prisme qui environnait les
personnages des rangs élevés étant détruit, ils
doivent faire preuve de sagesse et d'habileté, se
montrer, par l'exemple constant des vertus privées et publiques, dignes de l'immense part qu'ils
ont aux faveurs de l'Etat, qui sont le domaine
de tous. Ces vertus sont d'autant plus faciles pour
eux, qu'elles ne leur coûtent nulles privations.
Avec un peu de réflexion, les individus des
classes inférieures sentiront l'impossibilité de
jouir tous également des mêmes avantages, pourvu
qu'on ne leur dénie point ceux auxquels ils ont
droit. Mais si le caprice, l'arbitraire, la corruption, dominent les personnages qui devraient être
le plus exempts de ces vices, le reste de la nation

en sera bientôt infectée, et une fois la gangrène introduite dans le corps social, sa dissolution est inévitable.

Dans un temps où les questions les plus simples sont toujours noyées dans un déluge de mots, j'ai cru devoir employer au-dessus de cent pages pour signaler le mal dont l'Europe, notamment la France, est attaquée, et sous lequel elle périra. J'aurais pu borner mes raisonnemens à ceci : *Par l'effet de la civilisation, nous avons et nous nous créons tous les jours des besoins et des causes de dépenses entièrement dispropor-tionnées à notre fortune et à nos ressources ; là est tout le mal, de-là naît le malaise que nous éprouvons, duquel naît le choc des opinions, le désordre, l'irritation des esprits, d'où résultera l'anarchie, les guerres qui replongeront l'Eu-rope dans la barbarie.*

Un homme de tête, d'un cœur droit, animé du désir de la gloire, appelé à diriger le conseil de Charles X, et qui saurait mettre à profit les bonnes intentions des cabinets du Nord, pour-rait encore nous préserver du sort dont nous sommes menacés, asseoir les trônes légitimes sur des bases inébranlables, et assurer le bonheur des peuples, au milieu desquels les Français oc-cuperaient le rang qui leur est assigné. Ce beau rêve ne s'effectuera point ; je ne demande pas mieux qu'on me fasse mentir ; mais, hélas! je serai prophète malgré moi.

FIN.

TABLE

DES CHAPITRES.

FIN DE LA TABLE DES CHAPITRES.

10 7/19

12 7/8

www.ingramcontent.com/pod-product-compliance
Lightning Source LLC
Chambersburg PA
CBHW070810290326
41931CB00011BB/2185